이광희 글 | 이상규 조재석 김소희 그림

특종! 20세기 한국사를 즐겁게 여행하는 법

재미있게 꾸며진 《특종! 20세기 한국사》를 보다 더 잘 이해할 수 있는 방법은 없을까? 있습니다. 《특종! 20세기 한국사》 꼭지의 성격을 이해하면 한 권의 내용이 한눈에 쏙 들어온답니다!

역사 파노라마

'역사 파노라마'는 영화 포스터처럼 꾸며진 흥미만점 역사 연표입니다. 따라서 역사 파노라마를 펼쳐보면 그 사건이 언제, 왜 일어났는지, 사건의 핵심 인물이 누구인지를 한 번에 알 수 있습니다. 20세기 한국사의 숲을 보고 싶다면 역사 파노라마를!

스타 인터뷰

'스타 인터뷰'는 평민 의병장 신돌석, 만세 소녀 유관순, 영원한 노동자의 벗 전태일 등 20세기의 가장 '핫'한 인물을 만나 보는 코너입니다. 스타 인터뷰를 통해 역사 인물을 만나 보면 그 인물이 살았던 시대와 그 시대를 살았던 사람들의 고민을 온몸으로 느낄 수 있습니다.

특집

'특집'은 일제 침략기의 항일 의병운동, 일제강점기의 독립운동, 독재 시대의 민주화운동처럼, 20세기 한국사의 가장 핵심이 되는 주제를 만나 보는 코너입니다. 하나의 주제를 현장 취재, 잠깐 인터뷰, 일기, 대담 등 다양한 형식으로 다루기 때문에 쉽고 재미있게 핵심 주제를 파악할 수 있습니다.

20세기 핫이슈

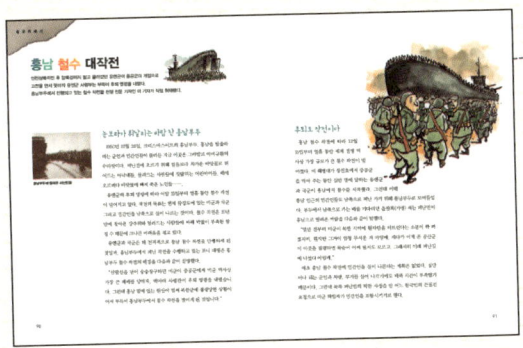

'20세기 핫이슈'는 20세기의 가장 뜨거운 주제를 아주 '쿨'하게 보여 주는 코너입니다. 가령, 특집에서 독립운동을 다룬다면, 20세기 핫이슈에서는 독립운동을 벌일 수밖에 없었던 일제강점기의 시대 상황을 날카롭게 짚어 줍니다.

만화로 보는 20세기 한국사 명장면

'만화로 보는 20세기 한국사 명장면'은 20세기의 결정적인 사건을 만화로 보여 주는 코너. 어떻게 보면 이 책에서 이야기하려는 주제가 거의 다 들어 있다고 해도 과언이 아닙니다. '재미와 의미'라는 두 마리 토끼를 한 번에 잡을 수 있는 필수 핵심 코너!

세계는 지금

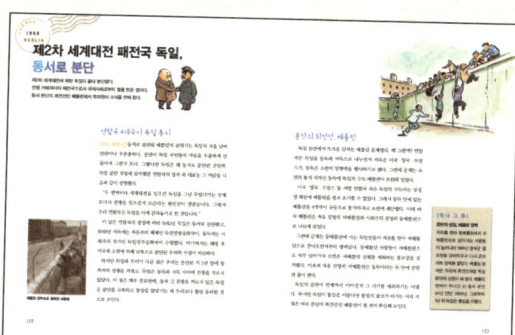

'세계는 지금'은 20세기 나라 밖에서 일어난 의미심장한 사건을 만나 보는 코너입니다. 그 사건들은 20세기 한국사와 긴밀하게 연결돼 있습니다. 가령, 제2차 세계대전에 패한 일본과 우리의 해방이 무관하지 않은 것처럼 말이지요.

문화와 생활

'문화와 생활'은 격동의 20세기 한국사 속에서 피어난 우리의 문화를 만나 보는 코너입니다. 20세기의 책과 노래와 그림, 그리고 거리의 패션과 음식, 스포츠까지. 20세기의 문화와 생활을 만나 보면 20세기 한국사의 마지막 퍼즐 완성!

차례

- 008 책머리에
- 010 시대를 여는 시
  〈그날이 오면〉
- 012 역사 파노라마
- 014 역사 인물 기상도
- 016 스타 인터뷰
  좌우합작 운동 추진하는 여운형

특집
해방 후 천 일 동안

- 022 해방 후 이렇게 달라져요
- 024 해방과 함께 찾아온 분단
- 030 신탁통치 갈등 대폭발
- 036 좌우합작을 부탁해!
- 042 4월 3일, 제주도에서 생긴 일
- 048 삼천만 동포에게 읍고함
- 050 김구는 왜 삼팔선을 넘었을까?
- 054 이승만과 김구, 단독정부냐 통일정부냐
- 058 대한민국 정부, 닻을 올리다

- 064 만화로 보는 20세기 한국사 명장면
  반민특위 습격사건
- 074 지금 북한에선
  남쪽으로 넘어온 김순영 씨

20세기 핫이슈
끝나지 않은 전쟁, 6·25

- 082 한국전쟁, 발발에서 휴전회담까지
- 088 한국전쟁의 원인은 바로 이것
- 090 흥남 철수 대작전
- 095 전쟁 속에 피어난 휴머니스트 3인방
- 102 열두 살 소녀의 일기
- 106 판문점의 안과 밖 풍경
- 110 전쟁이 끝나고 난 뒤

114 풍경과 사람
피난지 부산에서 보낸 하루

특파원 리포트
세계는 지금

120 프랑스, 나치 협력자 처벌 '엄격'

122 제2차 세계대전 패전국 독일, 동서로 분단

124 중국, 중화인민공화국을 선포하다

20세기 문화와 생활

128 따끈따끈 화제의 책

130 새 시대 새 음악

132 미술의 새 흐름

134 화제의 연극과 영화

136 최신 유행 패션

138 스포츠 하이라이트

140 20세기 건축 기행
해방과 전쟁의 흔적을 찾아서

144 퀴즈
20세기 한국사 완전정복

146 편집 후기

147 사진과 그림
제공 및 출처

책 머 리 에

해방에 웃고, 분단에 울고

    1945년 8월 15일, 마침내 우리 민족이 일제의 식민지에서 벗어났어요. 해방이 되자 일제와 목숨을 걸고 싸워 온 독립운동가뿐만 아니라, 일제의 억압을 받으며 숨죽이며 살아온 삼천만 조선 민중도 만세를 부르며 기뻐했어요. 어느 시인이 노래한 대로 "삼각산이 일어나 더덩실 춤이라도 추고, 한강물이 뒤집혀 용솟음칠" 정도로 기쁜 날이 왔으니까요.

    하지만 해방의 기쁨은 그리 오래가지 못했어요. 해방이 되자마자 한반도가 삼팔선을 사이에 두고 남과 북으로 나뉘었기 때문이에요. 분단 이후 남과 북은 성격이 전혀 다른 나라로 발전해 갔어요. 같은 어머니한테서 태어난 형제가 전혀 다른 사람으로 자라난 것처럼 말이지요.

    북쪽은 소련군의 지원 아래 사회주의 국가의 모습을 갖추어 갔고, 남쪽은 미군의 도움을 받아 자본주의 국가로 발전해 갔어요. 그 과정에서 남쪽의 정치 상황은 한 치 앞을 내다볼 수 없을 만큼 혼란스러웠어요. 사회주의를 지향하는 좌익과 자본주의를 지향하는 우익이 하루가 멀다 하고 좌충우돌했기 때문이에요.

    그러다가 결국 1948년에 남과 북에 체제와 이념이 다른 두 나라가 세워지게 되었고, 2년 뒤에는 남한과 북한이 서로 총부리를 들이대고 전쟁을 벌였지요. 이 모든 일들이 해방이 되고 나서 5년 안에 다 일어났답니다.

    《특종! 20세기 한국사》 3권에서는 해방에서 분단으로, 분단에서 전쟁으로 이어지는 우리 민족의 아픈 현대사를 조심스럽게 다루었어요.

　'특집'에서는 해방 이후 천 일 동안 겪은 혼란과 갈등을 살펴볼 거예요. 특집을 잘 읽으면 좌익과 우익이 무엇 때문에 대립했는지, 대립의 결과 한반도에 어떤 일이 벌어졌는지 알 수 있을 거예요.

　'20세기 핫이슈'에서는 단군 이래 최대의 비극인 한국전쟁의 원인과 결과를 냉철하게 분석해 봤어요. 이 밖에도 좌익과 우익의 통합을 위해 한 몸 바쳤던 여운형을 '스타 인터뷰' 코너에서, 해방 후 우리 민족의 최우선 과제이자 최대 숙제였던 친일파 청산 문제는 '만화로 보는 20세기 한국사 명장면'에서 만나 볼 거예요.

　해방에서 전쟁으로 이어지는 이 시기를 사람들은 혼란과 갈등의 시대라고 일컫는답니다. 어느 시대나 혼란과 갈등이 없던 적이 없었지만 이때처럼 두 세력이 첨예하게 대립한 적도 없었거든요. 문제는 그때 생겨난 갈등이 오늘날까지 이어져 오고 있다는 점이에요. 그렇기 때문에 그 시대를 바르게 이해해야만 오늘날 벌어지고 있는 좌우의 이념 갈등과 남북의 대립 문제를 이해할 수 있고, 또 그 해답을 찾을 수 있을 거예요.

　모쪼록 《특종! 20세기 한국사》 3권 '해방과 한국전쟁'을 통해 그 시대를 바르게 인식하고, 우리가 살고 있는 오늘을 보다 더 잘 이해할 수 있게 되기를 바랍니다.

2012년 여름날 이광희

시대를 여는 시

그날이 오면

심훈

그날이 오면 그날이 오며는
삼각산이 일어나 더덩실 춤이라도 추고
한강물이 뒤집혀 용솟음칠 그날이,
이 목숨이 끊어지기 전에 와 주기만 할 량이면,
나는 밤하늘에 나는 까마귀같이
종로 인경*을 머리에 들이받아 울리오리다.

두개골은 깨어져 산산조각이 나도
기뻐서 죽사오매 무슨 한이 남으오리까

그날이 와서 오오 그날이 와서
육조(六曹)* 앞 넓은 길을 울며 뛰며 뒹굴어도
그래도 넘치는 기쁨에 가슴이 미어질 듯 하거던
드는 칼로 이 몸의 가죽이라도 벗겨서
커다란 북을 만들어 들쳐 메고는
여러분의 행렬에 앞장을 서 오리다.

우렁찬 그 소리를 한 번이라도 듣기만 하면
그 자리에 거꾸러져도 눈을 감겠소이다.

*종로 인경 종로 보신각에 있던 종으로, 통행금지를 알리는 종
*육조(六曹) 조선 시대 광화문 앞 양쪽에 있는 관청 거리

200자 감상

심훈이 노래한 그날은 산도 기뻐 춤을 추고, 물도 기뻐 용솟음치는 날입니다. 두개골이 산산조각 나도 좋고, 종을 머리로 들이받고 죽어도 좋은 날입니다. 시인이 노래한 그날은 어떤 날일까요? 당연히 조국이 해방되는 날일 겁니다. 시인은 그날이 오기를 얼마나 간절히 바랐으면 울며 뛰며 뒹구는 것도 모자라 자기 몸에서 벗겨 낸 가죽으로 북이라도 치겠다고 노래했을까요. 하지만 시인은 그토록 바라던 해방을 끝내 보지 못하고 눈을 감았습니다.

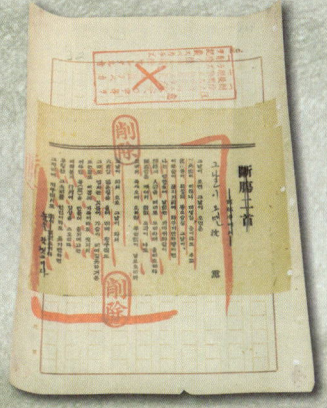

〈그날이 오면〉 검열본
일제에 의해 붉은 펜으로 검열을 받은 표시.

〈그날이 오면〉 시인 심훈, 그는 누구인가?

심훈은 일제강점기에 활동했던 저항 시인이자 소설가, 그리고 영화인이다. 앞에 소개된 〈그날이 오면〉은 심훈이 1930년에 지은 것으로, 정작 그때는 세상에 발표하지 못하고 묵혀 두어야 했다. 일제가 조선의 해방을 노래하는 시라는 구실로 출간을 막았기 때문이다. 그 시는 해방이 되고 난 지 4년 뒤인 1949년에야 빛을 보게 되었다.

심훈은 시인보다 소설가로 더 유명하다. 그는 1935년 《동아일보》가 창간 15주년을 맞아 특별 공모전을 열었을 때 소설 〈상록수〉로 당선되었다. 〈상록수〉는 당시 유행하던 브나로드 운동(러시아 어로 '민중 속으로'라는 뜻)을 소재로 한 농촌 계몽운동 소설이다. 이 작품은 이광수의 〈흙〉과 쌍벽을 이루는 농촌 계몽 운동 소설로 평가 받고 있다. 심훈은 이 소설을 자기가 직접 영화로 만들려고 준비하다가 1936년 장티푸스에 걸려 사망했다.

심훈은 이육사와 더불어 일제에 저항한 민족 시인으로 손꼽힌다. 그런 그가 해방의 기쁨을 노래한 〈그날이 오면〉을 쓴 것은 우연이 아닐 것이다. 하지만 해방 후 현실은 시인이 그토록 바라던 '그날'과 거리가 멀었다. 삼팔선을 사이에 두고 남과 북이 갈라지고, 같은 민족끼리 서로 총부리를 겨누는 것을 안다면, 기뻐서 두개골이 깨져도 좋을 것 같다던 시인은 지하에서 두개골이 깨지는 아픔을 느끼고 있지 않을까.

심훈의 조각상과 장편소설 《상록수》

역사 파노라마

1945년
8·15 해방
오늘은 단군 이래 가장 기쁜 날

각본 감독 미국 영국 소련 주연 조선인 조연 일본인
1945년 개봉 제작 기간 36년 총인원 3천만 명

국내를 비롯한 만주, 중국, 블라디보스토크, 미국, 일본 등 전 세계에서 촬영된 조선 민족 해방 분투기. 눈물 없이 볼 수 없는 초대박 격정 드라마!

1946년
신탁통치 따윈 필요없어!
신탁통치와 좌우 갈등

각본 감독 미·영·소 외무장관
주연 좌익 우익 1946년 개봉

한반도를 신탁통치하려는 미국과 소련에 맞서 신탁통치를 반대하는 우익과 찬성하는 좌익 사이에 벌어진 엽기, 공포 스릴러. 신탁통치 문제로 촉발된 좌우익 갈등은 어떻게 폭발할 것인가.

1948년
잠들지 않는 남도
제주 4·3 항쟁

각본 감독 제주도 좌익 주연 제주도 민중과 지식인
조연 군인·경찰·서북청년단 1948년 개봉

1948년 4월 3일부터 1954년 9월 21일까지 제주도에서 일어난 민중 항쟁을 다룬 블록버스터. 과연 이 기간 동안 눈부시게 아름다운 섬 제주도에선 무슨 일이 있었을까?

역사 파노라마

영화보다 더 영화 같은 20세기 한국사 파노라마.
해방과 분단, 전쟁으로 이어지는 격동의 역사를 만나 본다.
기대하시라, 개봉 박두!

1948년

분단을 막기 위한 마지막 카드

남북협상

각본 감독 김구　**주연** 김구 김규식
조연 김일성　1948년 개봉

남한만의 단독정부 수립을 막으려는 김구의 눈물나는 퍼포먼스. 삼팔선을 베고 쓰러지는 한이 있더라도 남북 분단을 막겠다며 북으로 간 김구. 과연 그의 협상은 성공할 것인가.

1948년

민주공화정이 뜬다!

각본 감독 유엔　**주연** 이승만

대한민국 정부수립

조연 김구 김일성　1948년 개봉

이승만의 단독정부 폭탄 발언에서부터 대한민국 정부 수립까지를 다룬 방대한 스케일의 다큐멘터리. 북쪽을 배제하고 들어선 대한민국 정부는 과연 분단을 극복하고 통일을 이룰 수 있을 것인가.

1949년

김구 암살 배후를 밝혀라!

김구 암살

각본 감독 미상　**주연** 김구 안두희　1949년 개봉

김구 암살의 배후를 찾아가는 추적 60분식 정치 다큐멘터리. 과연 김구 저격을 지시한 몸통은 누구일까. 이제껏 밝혀지지 않았던 김구 암살의 거대한 음모가 파헤쳐진다.

1950년

오늘은 단군 이래 가장 슬픈 날

한국전쟁

각본 감독 남북한　**주연** 남북한
특별출연 맥아더 스탈린 모택동　1950년 개봉

남과 북이 공동으로 각본, 감독, 주연을 맡아 서로 피 터지게 싸우는 막장 전쟁 드라마. 분단에서 시작된 이념 갈등은 어떻게 전쟁으로 폭발했는가.

역사 인물 기상도

20세기 한국사를 주름 잡은 8인. 분단과 전쟁의 시대를 헤쳐 온 인물들의 삶을 역사 인물 기상도로 살펴본다. 맑음 또는 흐림?

김구 / 맑음
한평생 해외에서 무장 독립 투쟁을 펼친 독립운동가. 마지막까지 상하이와 충칭 임시정부를 이끈 임시정부 지킴이. 하지만 해방 뒤 신탁통치에 줄기차게 반대만 하다가 시간을 다 쓰는 바람에 정작 중요한 좌우합작과 남북협상 시기를 놓침. 뒤늦게 단독정부 수립을 막기 위해 삼팔선을 넘나들며 온몸을 불사르는 활약을 펼침.

이승만 / 맑다가 흐림
미국으로 건너가서 독립운동을 전개한 독립운동가이자 해방된 조국 대한민국의 초대 대통령. 자신이 바란 대로 대통령이 되었지만, 남한만의 단독정부를 세움으로써 남과 북의 분단을 더욱 고착화시킨 인물. 게다가 대책도 없이 북진통일만 외치다가 한국전쟁이 터지는 바람에 하마터면 진짜 북한에게 나라를 통째로 넘길 뻔한 위기를 초래한 장본인.

여운형 / 맑음
국내외에서 활발히 독립운동을 벌인 독립운동가. 해방이 되자마자 좌우 지식인을 한데 모아 건국준비위원회 위원장을 맡아 치안과 행정을 총괄한 지도자. 신탁통치 문제로 남한에서 좌익과 우익의 충돌이 심해지자, 좌우가 힘을 합해 임시정부를 수립해야 한다며 좌우합작 운동을 펼침. 특히 분단을 막기 위해 북쪽의 김일성과 여러 차례 면담을 했던 민족주의자.

김규식 / 맑음
3·1운동의 계기가 된 1919년 파리강화회의에 조선 대표로 참가함. 임시정부에서 활동하다 해방 뒤 귀국하여 여운형과 함께 좌우합작을 펼친 인물. 남한에서 좌우합작이 실패로 돌아가자 김구와 함께 삼팔선을 넘어가 북한의 김일성과 김두봉을 만나 단독정부 수립에 반대하는 합의를 이뤄 냄. 한국전쟁 중에 북한으로 끌려갔으나 행방을 모름.

박헌영 ↘ 흐림
일제강점기 조선공산당을 창당하고 해방 뒤 남조선 노동당을 이끈, 뼛속까지 공산주의 사상을 지닌 정치 지도자. 신탁통치 결정이 내려졌을 때 처음엔 반대하다가 찬성으로 돌아서는 바람에 공산주의 이념 때문에 민족을 배신한 '빨갱이 매국노'라는 오명을 뒤집어씀. 공산주의 탄압으로 활동이 어려워지자 북으로 갔지만 김일성에 의해 숙청되는 비운의 혁명가.

김일성 ↘ 아주 흐림
일제강점기 만주에서 항일 무장 투쟁과 빨치산 활동을 펼친 독립운동가. 해방 뒤 북한 지역에서 소련의 지원으로 권력을 잡은 뒤 사회주의 체제를 구축함. 남한에서 단독정부를 수립하자 2주일 뒤 북한에도 단독정부를 세워 분단에 일조함. 1950년 6월 25일 일요일 새벽, 소련제 탱크로 무장한 인민군을 앞세워 남침을 감행함으로써 동족상잔의 비극을 초래한 장본인.

김창룡 ↘ 아주 흐림
일제강점기 독립운동가들을 때려잡는 일본군으로 활동함. 해방 뒤 국방경비대에 입대하여 헌병 생활을 시작함. 이승만의 전폭적인 신임을 등에 업고 친일 군인에서 반공 투사로 맹활약함. 이승만의 손발이 되어 이승만 반대파를 제거하는 데 앞장선 인물. 백범 김구 암살의 배후자로 밝혀졌으나, 그 배후에 누가 있는지는 밝혀지지 않음.

노덕술 ↘ 아주 흐림
일제강점기 독립운동가들을 잡다가 고문한 악질적인 친일 경찰. 해방이 되고 평양경찰서장으로 있다가 시민들한테 붙잡혀 감금됨. 그 뒤 월남하여 신탁통치 반대 흐름에 편승해 반공 애국 투사로 둔갑. 친일파의 반민족행위를 처벌하기 위해 만든 반민특위(반민족행위특별조사위원회)에 의해 구속되나 이승만의 지시로 석방됨.

스타인터뷰

좌우합작 운동 추진하는 여운형

좌우 통합에 목숨 걸겠다

요즘 최고의 뉴스메이커(화제의 인물)는 누구일까? 해방 직후 건국준비위원회를 조직해 치안과 행정 공백을 메웠고, 통일된 임시정부를 세우기 위해 좌우합작 운동에 매진하고 있는 여운형이 바로 그 주인공이 아닐까.

기자는 인터뷰 장소로 여운형의 집을 고집한 까닭이 있다. 몇 달 전 여운형은 괴한으로부터 폭탄 테러를 당했다. 다행히 몸은 크게 다치지 않았지만, 그의 집 거실은 심하게 부서졌다. 기자는 그 흔적을 눈으로 확인하고 싶었고, 바로 그 현장에서 좀 더 진솔하게 그와 이야기를 나누고 싶었다.

계동에 있는 여운형의 집에 들어섰을 때, 그는 하얀 모시 적삼을 입은 채 마음 좋은 이웃집 할아버지의 모습으로 기자를 맞아 주었다. "선생님, 몸은 좀 어떠십니까?"라고 기자가 안부를 묻자, "한두 번도 아닌데 뭘." 하며 웃었다.

테러를 당한 게 한두 번이 아니라는 그의 말은 옳다. 여운형은 해방 후 지금까지 2년 동안 무려 열 차례나 테러를 당했다. 열 번 찍어 안 넘어가는 나무 없다는데, 그는 열 번의 테러를 당하고도 오늘 이렇게 멀쩡히 살아 있다. 대체 누가 왜 그토록 집요하게 여운형의 목숨을 노리는 걸까?

"아시다시피 지금 제가 좌우합작 운동을 벌이고 있지 않습니까? 그것 때문에 극좌와 극우 세력 모두의 적이 된 것 같소."

Q 좌우합작 운동이 무엇인가요?

"좌익과 우익이 힘을 합쳐 통일된 임시정부를 수립하자는 거지요. 1947년 지금, 좌우 갈등을 극복하고 통일된 민주정부를 세울 수 있는 유일한 길이 좌우합작 운동입니다."

Q 좌우합작 운동과 통일된 임시정부 수립은 어떤 관계가 있나요?

"지금 한반도는 남북으로 갈라져 있고, 남쪽은 다시 좌와 우로 나누어져 있어요. 그러니까 먼저 남쪽의 좌와 우가 협력하고, 그다음 남과 북이 손을 잡고 하나의 민주정부를 수립하자, 이런 거지요."

Q 좌우합작 운동은 그럼 언제부터 시작된 건가요?

"좌우 대립 속에서 임시정부 수립을 논의하기 위해 미·소 공동위원회가 열렸어요. 하지만 서로 생각이 다르다 보니 회의가 잘 안 됐어요. 그러자 이승만이 "남한만이라도 단독정부를 세우자."고 말했어요. 나는 이대로 가면 통일된 임시정부를 세우는 게 어렵겠다고 생각했어요. 그래 1946년 미군정의 지원을 받아 좌우합작 운동을 시작한 겁니다."

Q 좌우합작 운동의 성과는 있었나요?

"출발은 그런대로 괜찮았소. 협상 테이블에 중도 좌

여운형이 태어난 집
경기도 양평군 양서면 신원리.

여운형과 마을 청년들
여운형은 평소 젊은이들과 스스럼없이 이야기를 나누었다고 한다.

파인 나와 중도 우파인 김규식이 마주 앉았는데, 김규식 선생은 젊은 시절 상해에서 나와 독립운동을 함께한 적이 있어서 호흡이 잘 맞았어요. 미군정도 좌우합작에 지원을 아끼지 않았고요."

Q 그런데도 좌우합작 운동이 좌우 양쪽으로부터 비난을 받고 있다면서요.

"극좌와 극우 세력은 좌우합작을 달가워하지 않고 있어요. 자기들 입맛에 안 맞는다는 거지요. 그래서 극좌 쪽에서는 나더러 미국의 조종에 놀아나는 친미주의자라고 비난하고, 극우 세력은 나를 '빨갱이'라고 손가락질하더군요."

1947년 귀국한 서재필을 마중 나온 여운형
왼쪽부터 김규식, 서재필, 여운형.

조선중앙일보사 사장 시절

이념이 뭐냐고 물으신다면

여운형은 남한 내에서 좌우합작을 벌이는 동시에 북쪽에 있는 김일성을 만나 남북합작에도 공을 들이고 있다. 남한에서 좌우합작을 이뤄 낸다 해도 북쪽 세력과 힘을 모으지 않으면 통일된 임시정부를 세울 수 없기 때문이다.

안팎의 비난과 방해에도 아직까지 좌우합작의 수레바퀴는 잘 굴러가는 것 같다. 1947년 들어 미국과 소련이 다시 임시정부 수립을 위한 회의를 시작했고, 여운형도 여기에 적극 참여하고 있다. 한편에선 좌익과 우익 세력 모두와 이야기가 통하는 정치가이지만, 다른 한편으론 좌익과 우익 양쪽으로부터 욕을 바가지로 먹는 사람이 바로 여운형이다. 과연 그의 이념은 뭘까?

"나의 이념이 뭐냐고요? 우리 민족의 완전한 해방, 이것이 나의 이념이오."

여운형은 다른 약속이 있다고 기자에게 양해를 구하고 자리에서 일어났다. 기자는 집을 나서며 여운형에게 "몸조심하시라."고 마지막 인사를 건넸다. 선생은 화통하게 웃으며 말했다.

"혁명가는 잠자리에서 죽는 법이 없소. 아마 나도 서울 한복판에서 죽을 것이오. 하하하." Ⓗ

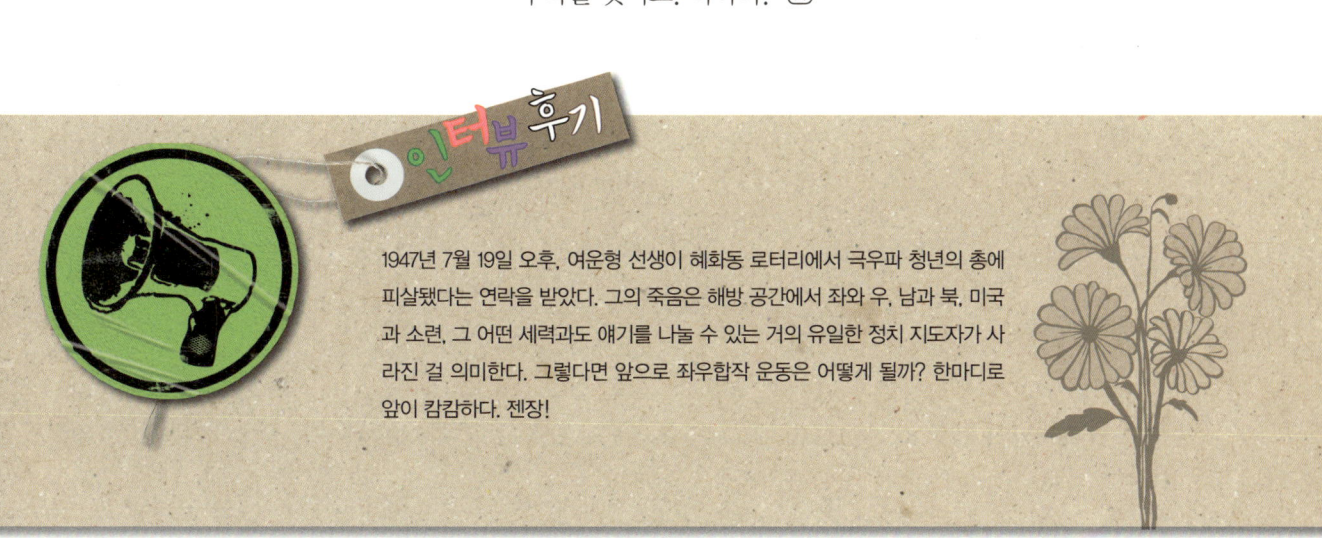

1947년 7월 19일 오후, 여운형 선생이 혜화동 로터리에서 극우파 청년의 총에 피살됐다는 연락을 받았다. 그의 죽음은 해방 공간에서 좌와 우, 남과 북, 미국과 소련, 그 어떤 세력과도 얘기를 나눌 수 있는 거의 유일한 정치 지도자가 사라진 걸 의미한다. 그렇다면 앞으로 좌우합작 운동은 어떻게 될까? 한마디로 앞이 캄캄하다. 젠장!

특집

- 해방 후 이렇게 달라져요
- 해방과 함께 찾아온 분단
- 신탁통치 갈등 대폭발
- 좌우합작을 부탁해!
- 4월 3일, 제주도에서 생긴 일
- 삼천만 동포에게 읍고함
- 김구는 왜 삼팔선을 넘었을까?
- 이승만과 김구, 단독정부냐 통일정부냐
- 대한민국 정부, 닻을 올리다

해방 후 천 일 동안

1945년 8월 15일에서 1948년 8월 15일까지, 해방 후 천 일 동안 한반도는 좌우 이념 대립과 남북 갈등의 도가니에 휩싸였다. 그 모든 원인은 따지고 보면 해방과 함께 찾아온 분단에서 비롯되었다. 남북 분단은 우리 민족의 최대 염원인 통일 민주정부를 수립하는 데 크나큰 걸림돌이 되었다. 해방에서 정부 수립까지, 그 천 일 동안 한반도에서 펼쳐진 분단과 좌우 갈등의 드라마를 집중 조명 한다.

해방시대생활백서

해방 후 이렇게 달라져요

꿈에도 그리던 해방을 맞았다. 해방은 우리 민족 최대의 기쁨이지만 마냥 기뻐할 수만은 없다. 왜냐고? 해방이 되자마자 분단이 됐으니까. 해방 이후 달라지는 제도와 생활 상식을 알아본다.

조선어 부활 일본어 폐기

일제강점기 때 제2외국어 취급을 받았던 조선어가 국어의 자리를 되찾았다. 이제 학교에서 조선어로 떠들고 조선어로 욕을 해도 일본 순사 출동 안 한다. 그동안 국어도 아니면서 국어 행세하던 일본어는 너희 나라에 가서나 쓰세요.

강제 징병, 강제 징용 폐지

수많은 형과 삼촌들을 전쟁터와 군수 공장으로 끌고 갔던 강제 징병과 강제 징용 제도가 폐지된다. 아울러 우리 누나들을 성 노리개로 끌고 가던 일본군 위안부, 이른바 정신대도 폐지된다. 해방 덕분에 이제 우리 식구 다 모이겠네.

삼팔선 설치, 남북 오갈 때 주의

북위 38도를 기준으로 삼팔선이 생긴다. 따라서 남북을 오가던 사람들은 조금 불편하게 됐다. 지금은 괜찮지만 삼팔선 때문에 분단이 굳어질 수도 있으니 남과 북 어디에서 살지 미리미리 정해 두는 게 좋을 듯.

북쪽은 소련군, 남쪽은 미군

분단된 남과 북에 미군과 소련군이 주둔한다. 미군은 우리 남한의 정부 수립을 도와주러 온 거니까 쫄 필요는 없다. 하지만 남의 나라 군인의 통치를 받는 거니까 주의가 필요하다. 좀 더 자세히 알고 싶으면 핵심 요약한 '미군 포고령'을 보기 바란다. 보고 나면 좀 섬뜩할 것이다.

> **미군 포고령**
>
> 삼팔선 이남의 조선 인민에 대한 통치 권한은 본관(맥아더)이 갖는다.
>
> 미군에 반대하는 사람은 가차 없이 사형이나 그에 준하는 형벌에 처한다.

"미군에 반대하는 사람은 사형에 처한다"

좌우 대립 속에서 균형 잘 잡아야

남한에서는 좌우 갈등이 거세질 전망이다. 좌익은 사회주의 세력을, 우익은 자유민주주의와 민족주의 세력을 이르는 말이다. 좌우가 정부 수립 과정에서 사사건건 대립할 것으로 예상되니, 인민 여러분은 좌충우돌하지 말고 균형을 잘 잡아야 할 것이다.

스페셜리포트

해방과 함께 찾아온 분단

해방과 함께 분단이 찾아왔다. 미국과 소련은 우리의 뜻과 상관없이 한반도를 둘로 갈라놓았다. 어떻게 이런 일이 벌어진 걸까. 긴박하게 돌아가는 해방과 분단 시대의 한반도 정세를 긴급 진단 한다.

단군 이래 가장 기쁜 날

【전국연합】일본 천황의 항복 소식이 라디오를 통해 흘러나온 1945년 8월 15일. 한반도 상공의 온도는 기쁨의 열기로 1도 이상 올라갔다. 특히 오후 4시경 서울 서대문형무소에서 독립투사들이 석방돼 거리로 나오자 서울 거리는 온통 흥분의 도가니에 빠졌다.

흰 옷을 입고 거리로 뛰쳐나온 사람들 손에는 저마다 서둘러 만든 태극기가 들려 있었다. 모양은 그리 중요하지 않았다. 그들에겐 오로지 36년간 일제의 압제로부터 벗어났다는 사실만이 중요했다.

종로 거리에서 만난 한 시민은 "이렇게 갑자기 해방이 찾아올 줄은 정말 몰랐다."며 눈물을 줄줄 흘렸다. 시민들은 태극기를 흔들며 저마다 소리 높여 만세를 불렀다.

해방의 기쁨
서울 시민들이 해방 축하 행진을 하고 있다.

인파에 둘러싸인 여운형
여운형이 휘문중학교에서 연설을 마치고 나오고 있다.

해방 축하 분위기는 그다음 날도 이어졌다. 8월 16일 오후, 해방 축하 집회의 연사로 나선 여운형은 "지난날의 아픔은 이 자리에서 다 잊어버리고 이 땅에 합리적이고 이상적인 낙원을 건설하자."고 힘주어 말했다. 그는 또 "앞으로 건준(건국준비위원회)이 조선의 치안과 행정을 감당할 것"이라고 발표했다.

건준은 해방 전 여운형이 조직한 건국동맹을 확대 개편하여 만들어진 단체이다. 사회주의 계열의 좌익과 자본주의 체제를 지향하는 보수 우익 세력이 나란히 참여하고 있으며, 민중의 폭넓은 지지를 받고 있는 것으로 알려졌다.

건준은 미군의 주둔에 대비하기 위해 정부 형태인 조선인민공화국을 선포해 놓은 상태다. 인민공화국 관계자는 "앞으로 각 지방에 인민위원회라는 자치 기구를 두어 행정을 담당해 가겠다."는 뜻을 내비쳤다.

삼팔선과 함께 들어온 소련군과 미군

　그런데 해방의 기쁨이 채 가시기도 전에 예기치 못했던 일이 벌어졌다. 미국과 소련이 삼팔선을 그어 놓고 각각 남쪽과 북쪽에 군대를 들여보낸 것이다. 이들은 왜 해방된 한반도를 둘로 나누고 군대를 몰고 들어온 것일까. 국제정세에 밝은 한 정치 평론가는 그 배경을 다음과 같이 분석했다.

　"우리가 우리 힘으로 나라를 되찾은 게 아니라 미국과 소련 같은 연합군의 힘으로 해방을 맞이하게 된 게 문제입니다. 일본을 물리친 미국과 소련은 한반도 문제를 자기들 입맛대로 결정하겠다고 찾아온 겁니다."

　이런 생각에 따라 소련군은 8월에 북한으로 들어왔고, 미군은 한 달 뒤 남한으로 들어왔다. 많은 시민들은 미국과 소련이 일제를 물리쳐 준 데 대해 고맙게 생각하면서도 한반도를 남북으로 분단시킨 데 대해선 불만을 품고 있다. 삼팔선에서 만난 한 시민은 "미국과 소련은 해방과 함께 분단을 끼워 팔기 하겠다는 거냐?"며 불쾌감을 드러냈다.

　이에 대해 북한에 진주한 소련군 사령관은 포고문을 통해 "우리 붉은 군대는 조선 인민이 스스로 자기 행복을 창조할 수 있도록 돕겠다."며 조선이 새로운 나라를 만드는 데 협조할 뜻을 내비쳤다.

　한편 미군 측은 맥아더 명의의 포고령을 발표해 "삼팔선 이남의 영토와 조선 인민에 대한 통치의 모든 권한이 당분간 나에게 있다."며 "미군정만이 이 지역의 유일한 정부"라고 발표해 소련과는 사뭇 다른 강압적인 분위기를 연출했다. 포고령대로 미군정은 9월 9일, 구 조선총독부에 일장기 대신 성조기를 달고 미군정 업무를 시작했다.

삼팔선 누가, 왜 그었나?

분단 문제의 핵심은 누가, 왜 한반도를 둘로 나누었는가, 하는 것이다. 《특종! 20세기 한국사》 편집부의 국제문제 전문 대기자가 탁월한 국제 감각과 명쾌한 해설로 분단을 둘러싼 의문점을 남김없이 풀어 준다.

Q 한반도 분단은 누구의 작품인가요?

A 미국과 소련의 합작품입니다. 강대국들은 자기들 필요에 따라 다른 나라를 둘로 나누어 통치하는 걸 잘합니다. 이를 국제 정치 용어로 '분할 통치(devide and rule)'라고 하는데, 강대국들의 속내는 간단합니다. 해방 줄게 분단 다오!

Q 한반도를 둘로 나누자고 제안한 건 누구인가요?

A 미국입니다. 1945년 해방이 되기 전, 흑해에 있는 얄타에서 미국, 영국, 소련의 수뇌가 회담을 했습니다. 그때는 일본군이 연합국을 상대로 전쟁을 벌일 때였는데, 소련이 일본과의 전쟁에 참여하겠다고 약속했습니다. 그 약속에 따라 해방 일주일 전 소련이 참전하게 되는데, 소련군이 만주를 지나 북한 땅으로 일본군의 저항을 전혀 받지 않고 들어왔습니다. 그러자 한반도 전체가 소련군의 영향 아래 들어갈 것을 두려워한 미군이 소련에 삼팔선을 제안했고, 소련이 이를 받아들였습니다. 그러자 미군은 한반도 지도를 펼쳐 놓고 찌익, 삼팔선을 그었습니다.

Q 한 나라의 운명이 어이없게 결정된 것 같은데요, 신탁통치 얘기는 뭡니까?

A 미국은 조선을 바로 독립시키지 않고 미국, 중국, 소련 등이 조선을 신탁통치, 즉 대신 맡아서 통치를 한 뒤 독립시키자는 구상을 갖고 있습니다.

Q 그 까닭이 무엇입니까?

A 좌익 정권이 들어설 가능성이 있는 곳에서 신탁통치를 함으로써 그 기간 동안 친미 정권을 수립하고자 하는 것입니다. 이 문제는 1945년 12월 모스크바에서 열리는 미국, 영국, 소련의 세 나라 외무장관 회의에서 구체적으로 논의될 것으로 전망됩니다. 이상!

김구의 귀국
1945년 11월 23일, 김구가 사람들의 환영을 받으며 귀국하는 모습이다.

이승만과 김구의 귀향

미군과 소련군의 주둔과 함께 해외에서 독립운동을 하던 지도자들이 귀국해 한반도 정가를 뜨겁게 달구고 있다. 가장 먼저 귀국한 인물인 북한의 김일성은 일제강점기 때 항일 무장 투쟁을 이끌었으며, 현재 소련군의 지원 아래 북쪽의 유력한 지도자로 자리 잡아가고 있다.

삼팔선 이남에서는 이승만이 귀국 테이프를 끊었다. 해방이 된 지 두 달 뒤 미국에서 귀국한 이승만은 조선에 널리 알려진 해외파 독립운동가이다. 그는 임시정부 초대 대통령에 추대된 이후 임시정부와 잦은 마찰을 일으켜 해방 직전에는 주로 미국에서 외교를 통한 독립운동에 힘써 왔다.

이승만의 뒤를 이어 귀국한 김구는 해방 직전까지 임시정부를 이끈 그야말로 임시정부의 상징적인 지도자이다. 그는 미군정 이외의 어떤 행정 조직도 인정하지 않는다는 맥아더 사령관의 방침에 따라 개인 자격으로 귀국했다.

해방 직후 김구는 "우리 힘으로 조국을 되찾지 못해 새로운 나라를 건설할 때 강대국 입김에 휘둘릴 것이 예상된다."고 말한 바 있는데, 그 우려가 현실로 나타난 것이다.

현재 한반도 정세는 해외에서 귀국한 독립운동가와 여운형을 비롯한 국내파, 그리고 미군정의 통치가 맞물리면서 한 치 앞을 내다볼 수 없는 안개 정국으로 빠져들고 있다. 조선의 지식인들과 민중이 새 나라 건설의 어려운 숙제를 과연 얼마나 슬기롭게 풀어 갈 수 있을지 귀추가 주목된다. Ⓗ

집중분석

신탁통치 갈등 대폭발

좌익과 우익 진영이 신탁통치 문제를 놓고 찬성과 반대로 나뉘어 대립하고 있다. 두 세력 사이의 대립이 갈등을 넘어 전쟁 양상으로 치닫는 느낌이다. 신탁통치 갈등을 해결할 묘안은 없을까.

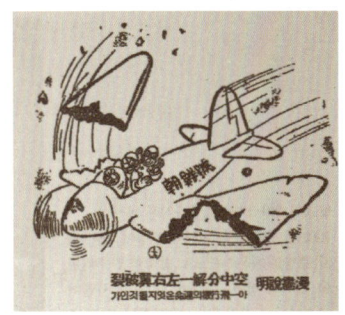

좌우분열 시사만평
좌우익으로 분열된 정치권을 풍자한 《서울신문》 1946년 1월 27일 자 시사만평. "아! 비행기의 운명은 어찌 될 것인가?"라고 적힌 만평 설명글이 좌우로 분열된 당시의 정치 상황을 잘 보여 주고 있다.

좌우 따로 3·1절 기념식 개최

대략 난감한 상황이다. 몸은 하나인데 두 곳을 동시에 취재하라니, 나보고 어쩌라고. 이게 다 신탁통치 찬성이니 반대니 해 가며 편을 갈라 싸우기 때문이다. 그들이 좌충우돌하니까 기자인 내가 우왕좌왕 할밖에.

무슨 말이냐 하면 오늘이 1947년 3월 1일이어서 3·1절 기념식이 열리는데, 좌익은 남산공원에서 우익은 서울운동장에서 따로 기념식을 연다고 해서 두 현장을 동시에 취재해야 하는 난관에 부닥친 것이다.

작년에도 그러더니 올해 또 이런다. 참 해도 해도 너무한다. 삼팔선 때문에 남북으로 분단된 것도 서러운데, 이렇게 두 편으로 갈라져 싸우면 언제 임시정부를 세우고 또 언제 통일정부를 수립한단 말인가.

좌우는 어쩌다 이 지경에까지 이르렀을까. 그 주된 원인은 모스크바 3상 회의 이후 불거졌다. 1945년 12월 모스크바에서 미국, 소련, 영국의 외무 장관들이 모여 한반도 문제를 논의했는데, 이 회의의 합의 사항이 조선을 분열 속으로 몰아넣었다. 그 핵심 내용을 살펴보면 다음과 같다.

첫째, 조선에 임시정부를 수립한다.
둘째, 이를 위해 미국과 소련이 공동위원회를 연다.
셋째, 미·영·중·소 네 나라가 최장 5년 이내의
　　　 신탁통치를 실시한다.

《동아일보》 오보가 갈등 키워

모스크바 3상 회의의 합의 사항을 국내에 처음 알린 신문은 《동아일보》였다. 《동아일보》는 신문 1면에 "소련은 신탁통치 주장, 미국은 즉시 독립 주장"이라는 제목의 기사를 실었다. 이 소식을 들은 사람들은 너나없이 한마음으로 신탁통치를 반대했다. 여기까지는 그냥 넘어갈 수도 있었다.

그런데 《동아일보》의 기사가 뒤늦게 오보라는 사실이 밝혀지면서 사달이 났다. 영어에 능통한 한 미디어 평론가는 모스크바 3상 회의 내용이 실린 영자 신문을 들이대며 《동아일보》의 기사를 조목조목 비판했다.

"《동아일보》는 모스크바 3상 회의 합의 사항 가운데 가장 중요한 임시정부 수립과 미·소 공동위원회 개최 내용은 쏙 빼놓은 채

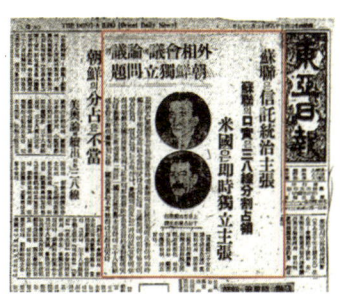

모스크바 3상 회의 소식을 알리는 기사
소련의 신탁통치 주장을 1면 톱기사로 보도한 《동아일보》 1945년 12월 27일 자 기사.

신탁통치 부분만 부각해서 기사화했습니다. 게다가 그 내용도 완전히 잘못됐어요. 사실은 미국과 소련이 합의해서 신탁통치를 결정한 건데, 소련만 신탁통치를 주장하고 미국은 우리의 즉각 독립을 주장했다는 식으로 거짓 기사를 내보낸 겁니다."

《동아일보》 기사가 오보라는 사실이 알려지자, 처음엔 신탁통치를 반대했던 좌익 쪽이 신탁통치 찬성 쪽으로 입장을 바꾸었다. 그들이 입장을 바꾼 까닭은, 미국과 소련이 임시정부 수립을 위해 공동위원회를 열기로 하고, 신탁통치가 아무리 길어야 5년 이내로 한다는 내용을 받아들일 만하다고 여겼기 때문이다.

그러자 반탁(신탁통치 반대) 진영에서 "신탁통치에 찬성하는 건 민족에 대한 반역이며, 빨갱이들이나 할 짓"이라고 찬탁(신탁통치 찬성) 세력을 거세게 비난했다. 이런 틈을 타 해방 후 친일 경력 탓에 수세에 몰려 있던 친일파들이 신탁통치 반대 물결을 타고 다시금 부활을 꾀했다. 그들은 시나브로 친일파에서 반공 애국지사로 신분 세탁을 하고 있었다.
　이처럼 신탁통치에 대한 좌우 두 세력의 갈등은 걷잡을 수 없이 골이 깊어 갔고, 마침내는 지난해부터 3·1절 기념식을 서로 따로 열기에 이른 것이다.

신탁통치 반대 집회
1945년 12월 31일 서울운동장에서 열린 우익의 반탁 집회 모습.

좌우, 갈등을 넘어 전쟁 양상으로

기미독립운동 기념집회가 열리는 서울운동장은 3·1운동의 숭고한 정신을 기리는 기념식이라기보다 상대편을 비난하는 성토장처럼 보였다. 신탁통치를 반대하는 한 연사가 연단에 올라 입 밖으로 더운 김을 푹푹 내뿜으며 열변을 토했다.

"신탁통치를 찬성하는 건 소련 놈들한테 속아 넘어가는 겁니다. 좌익 빨갱이들은 신탁통치를 찬성해야 우리 민족이 하나가 될 수 있다고 말하지만, 이거 다 새빨간 거짓말이란 거, 여러분 아시죠?"

서울운동장의 삼일절 기념집회는 신탁통치 반대 열기로 후끈 달아올랐다. 같은 시각 좌익 쪽 기념식이 열리는 남산공원의 분위기도 뜨겁기는 마찬가지였다. 그들은 반탁 운동을 벌이는 세력을 미국의 앞잡이라고 싸잡아 비난했다.

따로따로 기념식을 열었던 양 진영은 시가행진을 하다가 남대문 근처에서 맞닥뜨렸다. 순간 양 진영 사이에 긴장감이 감돌았다. 곧이어 서로 질세라 "신탁통치 찬성!" "신탁통치 반대!"를 소리 높여

찬탁과 반탁을 둘러싼 갈등 정리

1945년 12월
★모스크바 3상 회의
1. 임시정부 수립
2. 미·소 공동위원회 개최
3. 신탁통치 결정

1945년 12월
★《동아일보》 "소련 신탁통치 주장, 미국 즉각 독립 주장" 기사화
★좌우 모두 신탁통치 반대

1946년 3월
★《동아일보》 기사 오보 인식한 좌익, 신탁통치 찬성으로 돌아섬
★좌우 대립과 갈등 시작

1947년 3월
★미·소 공동위원회와 좌우합작 운동에도 좌우 갈등 계속됨
★좌우 갈등 대폭발

외쳤다. 그러더니 어느새 몸싸움이 시작되고, 이어서 서로 짱돌을 던지는가 싶더니, 끝내 두 사람이 총에 맞아 죽는 사태가 벌어지고 말았다.

앞으로 언제까지 서로 좌우로 나뉘어 반목하고 대립해야 하는 것일까. 기념식에 참석했던 어느 정치 평론가가 다음과 같은 해법을 내놓았다.

"무조건 반탁만 주장하는 건 문제가 있습니다. 미국과 소련이 조선의 목줄을 쥐고 있는데, 그들의 결정을 무시하고 우리끼리 통일 정부를 수립하자는 건 현실적으로 불가능합니다. 그렇기 때문에 이제라도 모스크바 3상 회의 내용을 받아들이고, 그런 다음 그 바탕 위에서 좌우가 총단결해서 통일된 민주정부 수립으로 나가야 합니다."

좌우 대립을 해결할 유일한 방법은 좌우합작이란 얘기다. 정치 평론가의 훈수대로 과연 좌우가 힘을 한데로 모아 온 민족이 염원하는 통일정부를 세울 수 있을지 귀추가 주목된다. Ⓗ

3상 회의 지지 집회
1946년 1월 3일 서울운동장에서 열린 좌익의 모스크바 3상 회의 지지 집회 모습.

| 역사 그 후 |

뿌리 깊은 좌우 대립

21세기에까지 와서도 사람들이 사사건건 좌파(진보)니 우파(보수)니 하며 서로를 비난하고 있는 걸 보면, 해방 정국에서 나타난 좌우 대립이 60여 년이란 세월이 지나서도 별로 달라진 게 없는 것 같다. 좌우 대립이 우리나라만의 문제도 아니고, 이념이 다른 세력이 서로 논쟁을 벌이는 것을 나쁘다고 할 수 없다. 하지만 상호 이해와 존중 없이 무조건 적대시하는 건 잘못이다. 역사 속에서 교훈을 얻어야 한다. 해방 정국의 잘못된 갈등을 또다시 되풀이하지 말아야 할 것이다. 더구나 분단을 극복하고 통일을 지향해야 할 우리의 처지에선 두말할 필요도 없다.

남북이 함께
14회 부산아시안게임 개막식에 남북 선수단이 한반도기를 앞세우고 동시 입장을 하고 있다.

실시간 생중계

좌우합작을 부탁해!

신탁통치에 대한 찬성과 반대로 좌우 갈등이 폭발한 데 이어 설상가상으로 임시정부 수립을 위한 미국과 소련의 회의 결과도 불투명해 보인다. 이제 남은 건 좌우합작 운동에 의한 통일 임시정부 수립뿐. 한반도의 운명을 결정지을 좌우합작 운동의 현장으로!

임시정부를 향해 달려요

　전국에 계신 시청자 여러분 안녕하십니까? 여기는 임시정부 수립을 위한 좌우합작 운동 경기장입니다. 경기의 해설을 맡아 주실 정치 평론가 한 분을 모셨습니다. 먼저 좌우합작 운동이 왜 일어나게 됐는지, 그 배경부터 말씀해 주시겠습니까?

　"임시정부 수립과 신탁통치를 주요 내용으로 하는 모스크바 3상 회의 결정 이후 신탁통치에 대한 찬반 갈등이 남한 사회를 뒤덮지 않았습니까? 갈등이 폭발하면 임시정부 수립이 물 건너갈지도 모른다는 위기감에서 합작 운동이 나오게 된 거라고 봐야겠지요."

　그렇군요. 말씀드리는 순간, 경기가 시작됐습니다. 그런데 경기장에 미국과 소련 대표 선수가 나왔네요. 좌우합작 경기라면 남한의 좌파와 우파 선수들이 대표로 나와서 임시정부 수립 방안을 논의해야 할 텐데, 어떻게 된 일이지요?

　"그건 말이죠, 모스크바 3상 회의 결정에 따라 미국과 소련 대표들이 회의를 하기로 돼 있기 때문이죠. 덧붙여 설명을 드리자면, 조선에 임시정부를 세우는 걸 돕는 회의입니다. 임시정부를 세워서 자기들이 신탁통치를 해 보다가 조선 혼자서도 걸을 수 있는 때가 되면 자기들이 물러나겠다는 것입니다."

　글쎄요, 어찌 보면 고마운 것 같으면서도 한편으론 꽤 자존심 상하는 일인 것 같습니다. 우리 민족을 걸음마도 못하는 어린애 취급하는 거 아닙니까?

　"그렇게 볼 수 있습니다만, 힘이 없으니 어쩌겠습니까. 우리는 저들의 프로그램에 협조하면서 우리의 정부를 세우는 데 힘쓰는 수밖에 없을 것 같습니다. 이게 다 우리 힘으로 나라를 되찾지 못한 데서 빚어진 일이니까요."

　자, 드디어 미국과 소련 대표 테이블에 앉아서 회의를 시작합니다. 미국과 소련 대표, 한 차례씩 서로 날선 말 펀치를 주고받습니다. 아, 그런데 이게 어찌 된 일입니까? 두 선수 모두 회의 테이블을 박차고 나가는데요?

　"내 저럴 줄 알았습니다. 미소 공위는 애초부터 타협점을 찾기 어려운 경기였습니다. 왜냐하면 임시정부의 성격에 대해 바라보는 입장이 서로 너무 다르기 때문이죠. 소련은 회의 테이블에 모스크바 3상 회의를 지지하는 세력, 즉 좌파 세력만 참여시키자고 주장하고, 미국은 원한다면 누구나 다 테이블에 앉아서 임시정부 수립에 대해 논의할 수 있게 하자고 맞섰죠. 이러다 보니 회의가 중단될 수밖에요."

> **미·소 공동위원회**
>
> 미·소 공동위원회란 미국과 소련이 한반도의 임시정부 수립과 신탁통치를 논의하기 위해 만든 회의를 말한다. 줄여서 미소 공위라고 한다. 미소 공위는 모스크바 3상 회의 결정에 따라 시작됐는데, 모두 두 차례 회의가 열렸다. 1946년 3월에 열린 1차 회의는 회의 참가 단체 자격을 놓고 이견을 좁히지 못해 결렬됐으며, 1947년 5월 열린 2차 회의도 양측의 입장 차이 때문에 결렬되고 말았다. 미소 공위 실패 이후 한반도 문제는 유엔으로 넘겨져 단독선거와 단독정부 수립의 길을 걷게 됐다.

미·소 공동위원회 개막
1946년 1월 16일부터 3주간 서울에서 개최된 예비회담을 거쳐 1946년 3월 20일 덕수궁 석조전에서 미·소 공동위원회가 열리는 모습이다.

그렇다면 미국과 소련 대표 선수들이 그렇게 주장하는 까닭은 무엇입니까?

"그거야 안 봐도 비디오죠. 미국과 소련 모두 한반도에 자기들한테 우호적인 정부를 세우려는 속셈인 게지요."

좌우 합의가 이뤄졌지만……

아, 그렇군요. 그럼 좌우합작은 이제 물 건너간 겁니까?

"아닙니다. 이제부터 본격적인 경기가 시작됩니다. 저기 보세요. 지금 선수들이 나오고 있지 않습니까? 좌파를 대표해서 중도 좌파의 여운형이, 우파를 대표해 중도 우파의 김규식 대표가 경기장에 나왔네요."

두 선수, 어떤 경력의 인물인지 간단히 소개해 주시겠습니까?

"알려진 대로 여운형은 해방 직후 건국준비위원회를 발족시켜 치안과 행정을 담당했던, 선견지명이 있는 지도자입니다(여운형에 관해서는 '스타 인터뷰' 참조). 김규식은 유연한 사고를 가진 민족주의자입니다. 두 선수 모두 상해 임시정부에서 함께 일한 경력이 있어서 호흡이 잘 맞을 것으로 보입니다."

그렇군요. 막 여운형과 김규식의 좌우합작 운동이 시작됐는데, 분위기는 꽤 괜찮은 것 같습니다. 뭔가 좋은 결과가 나올 것 같은 예감이 드는데요.

아, 그런데 장외에서 돌발 사태가 벌어졌습니다. 1946년 6월 3일, 지방 유세 중이던 이승만이 남한만이라도 단독정부를 세우자는 폭탄 발언을 쏟아냈군요. 이게 어떻게 된 거지요?

"미소 공위가 결렬되어 임시정부를 세우는 것도 여의치 않게 됐으니 남쪽만이라도 우선 정부를 세우자, 뭐 이런 주장 같은데요. 아, 아무리 그렇다고 하더라도 남한만의 단독정부 발언은 부적절한 게 아닌가 싶습니다."

그렇습니다. 이 박사님은 절대 그러실 분이 아니라고 생각했는데, 단독정부 발언은 너무도 뜻밖입니다. 하지만 여운형과 김규식 선수, 그에 아랑곳하지 않고 의연하게 회의를 진행하고 있습니다. 이승만의 단독정부 발언에 위기의식을 느껴서인가요, 외려 더 열정적으로 좌우합작에 임하는 것 같습니다. 아, 드디어 두 선수 1946년 10월 '좌우합작 7원칙'을 발표합니다. 주요 내용을 좀 설명해 주시죠.

"7원칙의 핵심 내용을 보면, 임시정부 수립, 미·소 공동위원회 재개, 유상매입 무상분배에 따른 토지개혁, 친일파 청산 등이군요. 두 선수 정말 대단합니다. 이만하면 이 시대에 꼭 필요한 내용을 다 담아냈다고 볼 수 있습니다."

임시정부 수립 실패 이후의 한반도

그렇군요. 이 합의대로만 된다면 머잖아 한반도에 임시정부가 세워지고, 이어서 하나 된 통일정부가 세워질 것 같습니다. 아니, 그런데 7원칙에 대해 좌익과 우익 모두 크게 반발하고 있는데요, 도대체 왜 그런 겁니까?

"땅 가진 지주가 많은 우익은 토지를 공짜로 나눠 준다는 데 화가 난 모양입니다. 또한 우익에 친일 분자들이 많다 보니까 친일파 청산에 대해서도 알레르기 반응을 보이는 것 같습니다. 좌익은 좌익대로 토지를 무상으로 몰수하지 않고 돈을 주고 매입한다는 데 반발하는 것 같고요."

그림/김소희

이렇게 되면 좌우합작 운동이 실패로 끝날 가능성이 점점 커지는데요, 실제로 여운형과 김규식이 좌우 모두로부터 거센 비난을 받고 있는 모습이 포착되고 있습니다.

아, 이때 정말로 충격적인 소식이 들어왔습니다. 여운형이 서울 혜화동 로터리에서 우익 청년의 총에 맞아 숨졌다는 소식입니다.(1947년 7월 19일) 이렇게 되면 좌우합작 운동은 그야말로 되살리기 힘들 것 같습니다. 향후 한반도 전망을 어떻게 보십니까?

"무엇보다 여운형 같은 좌우, 남북 누구와도 협상할 수 있는 카드가 사라짐으로써 사실상 좌우합작 운동에 의한 임시정부를 세우는 게 어려워질 것 같습니다. 그다음으로 이제 미국은 '골치 아픈' 한반도 문제를 유엔으로 넘길 것으로 예상되는데, 그렇게 되면 남한만의 단독선거가 치러지고, 남한만의 단독정부가 수립될 가능성이 99.9%입니다. 그렇게 되면 통일정부 수립은 더 멀어질 것으로 보입니다."

그렇군요. 안타깝게도 이렇게 해서 여운형과 김규식이 매진해 왔던 좌우합작 운동은 끝내 실패로 돌아갔습니다. 그에 따라 향후 정국은 남한만의 단독정부 수립 쪽으로 빠르게 진행될 것으로 예상됩니다.

하지만 끝까지 포기하지 않고 좌와 우, 남과 북이 이념과 지역을 뛰어넘어 하나의 정부를 세우는 데 지혜를 모아야 하지 않을까 싶습니다. 이상으로 좌우합작 운동 생중계를 모두 마치겠습니다. 지금까지 시청해 주신 시청자 여러분, 고맙습니다. Ⓗ

좌우합작 이후의 한반도

1947년 10월
미국, 유엔에 한반도 문제 상정

1948년 2월
유엔 소총회, 단독선거 결정

1948년 2월
김구, 단독정부 수립 반대 성명 발표

1948년 4월
단독선거에 반대해 제주 4·3 민중항쟁 일어남

1948년 4월
김구, 남북협상 위해 방북

1948년 5월
남한만의 국회의원 총선거 실시

해방 직후 으뜸 지도자는?

1945년 11월 선구회라는 단체에서 해방 정국의 주요 지도자를 대상으로 첫 여론조사를 실시했다. 이번 조사는 제주도를 제외한 전국의 성인 남녀 1957명을 상대로 실시됐으며, 신뢰 수준 95%에 표본 오차 ±5%. (중복투표이므로 합계는 100퍼센트 아님)

【 조선을 이끌어 갈 양심적 지도자는 누구인가? 】 (단위 : %)

여운형(33) 이승만(21) 김구(18) 박헌영(16) 김일성(9) 김규식(5) 기타(8)

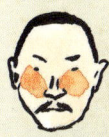

조사 결과 여운형이 33%로 1위를 차지했다. 이는 여운형이 한평생 독립운동에 헌신했고, 좌우 모두를 아우를 수 있는 융합형 지도자이기 때문인 것으로 풀이된다. 이승만은 대한민국 임시정부 초대 대통령 경력이, 김구는 임시정부를 끝까지 이끈 지킴이로서 높은 점수를 받은 것으로 보인다. 박헌영과 김일성 같은 공산주의 지도자들이 적잖은 지지를 받은 것도 눈여겨볼 만하다.

단독입수

4월 3일, 제주도에서 생긴 일

폭력 경찰과 남한만의 단독선거에 반대해 일어났던 제주 4·3항쟁 수기를 단독 입수했다. 글을 쓴 주인공은 13세 소년 고창수(가명). 창수의 수기는 차마 눈 뜨고 읽기 힘들 만큼 슬프고 끔찍했다. 하지만 4·3항쟁의 진실을 알리기 위해 거의 원문 그대로 싣는다.

엄마 아빠는 왜 총 맞았나요?

지금도 그때 일을 생각하면 손이 떨리고 심장이 벌렁거려 토가 나올 것 같다. 너무 괴로워서 잊고 싶은데 잊히지가 않는다. 그날 밤 엄마가 흘린 비릿한 피 냄새가 아직도 생생하다.

1948년 겨울이었다. 우리 가족은 엄마 아빠 그리고 나와 세 동생이 한라산 중턱 아래에 살고 있었다. 그런데 어느 날 우리 마을에 군인들이 들이닥쳤다. 군인 아저씨들은 아버지에게 "무장대가 이 마을에 숨을 수도 있으니 해안가 마을로 모두 내려가라."고 말했다.

나는 무슨 일이 일어났는지 알 수 없어서 그저 답답했다. 아랫마을로 내려올 때 아빠한테 들었는데, 지난 4월 3일 제주시에서 4·3사건인가 뭔가 하는 무장봉기가 일어나 무장대와 경찰·군인 사이에 싸움이 벌어졌다고 한다. 그래서 경찰들이 산 속에 있는 무장대가 숨을 만한 곳을 아예 없애기 위해 산 가까이 있는 우리 마을을 불 지르고,

토벌대에 체포된 주민들
젊은 청년뿐만 아니라 노인과 부녀자까지 잡혀와 있다.

우리를 산 아래로 내려가게 하는 것이라고 했다.

혼자 남겨진 황소 누렁이가 걱정됐지만 나는 아무 말 없이 아버지를 따라 아랫마을로 내려갔다. 우리 식구는 그곳에 사는 어느 할아버지네 집에 얹혀살았다. 그 할아버지는 우리에게 단칸방과 자그마한 밭을 빌려 주었다. 그나마도 우리는 더없이 고마웠다. 그렇게 하루하루 별일 없이 지내고 있던 어느 날, 차마 생각지도 못한 끔찍한 일이 벌어졌다.

갑자기 경찰들이 마을에 들이닥치더니 장작을 마련해야 하니 장정들은 모두 톱과 도끼를 들고 모이라고 했다. 그러자 우리가 얹혀살던 집 할아버지가 늙은 몸으로 톱을 들고 나가려고 했다. 아버지는 강제로 이사를 왔기 때문에 안 나가도 됐지만, 할아버지한테 신세를 지고 있던 터라 대신 나가겠다고 말씀드렸다.

그런데 그게 화근이었다. 아버지가 연장을 들고 지서(경찰서) 앞마당에 나가자 경찰들은 장작을 하러 데려가기는커녕, 그곳에 모인 아저씨들한테 "무장대와 통했지?"라며 장작 패듯 두들겨 팼다. 그러고는 사람들을 차에 태워 어디론가 사라졌다. 그길로 우리 식구는 아빠와 소식이 끊어졌다. 나는 아빠가 걱정돼 너무나 슬펐다.

4·3항쟁은 왜 일어났을까?

제주 4·3사건이라 일컬어지는 4·3항쟁은 남한만의 단독선거와 단독정부 수립에 반대해 1948년 4월 3일 제주도 좌익과 주민들이 일으킨 무장봉기이다. 봉기는 경찰과 이북에서 내려온 서북청년단의 폭력이 가장 큰 발단이 되었다. 경찰과 서북청년단은 1년 전, 그러니까 1947년 3·1절 기념식 때 경찰의 발포로 주민 몇 사람이 숨진 것에 항의하는 사람들을 잡아 가두고는 고문을 했다. 그때부터 제주도민과 경찰 사이에는 크고 작은 충돌이 잦았다. 이런 가운데 폭력 경찰과 서북청년단에 대한 제주도민들의 불만이 점점 쌓여 가다, 올해 남한만의 단독선거와 단독정부 수립 계획이 알려지자, 좌익 계열의 지식인과 주민들 중심으로 무장대가 돼 '친일 폭력 경찰 처단 및 단독정부 수립 반대'를 주장하며 무장봉기를 일으킨 것이다.

폭도 가족은 모두 나오시오

아버지가 어디론가 사라진 닷새 뒤, 다시 경찰들이 들이닥쳐 식구가 사라진 사람이 있는 집은 무장대와 내통이 의심된다며 모두 나오라고 했다. 그러자 엄마가 "우리는 무장대는 전혀 모르는 일이고, 남편은 경찰을 따라 장작을 패러 갔다가 지금껏 감감무소식이다."고 말했다. 그에 아랑곳하지 않고 경찰은 우리 식구를 폭도로 취급했다.

이윽고 경찰은 불려 나온 마을 사람들을 이끌고 뒷동산으로 데려갔다.

그때부터 참으로 눈 뜨고 볼 수 없는 끔찍한 상황이 벌어졌다. 집에 남아 있다 끌려 나온 한 아저씨를 가리키며 경찰이 "숨어 있는 걸 보니 너 무장대지?"라며 마구 두들겨 패기 시작했다. 그러자 옆에 있던 할아버지가 우리 아들은 절대 무장대가 아니니 제발 살려 달라고 매달렸다. 경찰은 그런 할아버지를 사정없이 두들겨 팼고, 매에 못 이긴 할아버지는 끝내 목숨을 잃고 말았다. 이에 놀란 아저씨가 겁을 먹고 달아나자 경찰은 총을 쏴 죽였다. 나는 아저씨가 총에 맞아 푹 쓰러지는 걸 보고 눈을 질끈 감았다.

하지만 곧이어 그보다 더 끔찍한 일이 벌어졌다. 아이를 밴 한 아줌마가 끌려나왔는데, 그 아줌마의 남편 또한 무장대로 갔을 거라며 의심을 받은 것이다. 경찰은 아줌마를 밧줄로 묶더니 팽나무에 매달았다. 그러더니 대검으로 아줌마를 찔렀다. 둘레에 서 있던 사람들은 차마 그 모습을 볼 수가 없어 다들 눈을 감았다. 그러자 경찰이 사람들을 바라보며 "모두 똑바로 보라."며 소리쳤다. 사람들은 하얗게 질린 얼굴로 아무 소리도 내지 못했다.

나는 너무 겁이 났다. 엄마는 무언가 낌새를 차렸는지, 경찰한테 울며불며 "아이들만은 제발 살려 달라."고 빌었다. 그 덕분에 내 동생들은 살아남을 수 있었다. 하지만 경찰은 나를 지그시 보더니 "눈망울이 똘망똘망한 걸 보니 무장대랑 연락하게 생겼구먼." 하고는 엄마 옆에 나를 묶었다. 그 순간 나는 '아, 이대로 죽는구나!'라고 생각했다.

엄마 밑에서 구사일생으로 살아나

어느새 날이 어두워졌다. 나와 엄마를 포함해 열 명이 넘는 사람이 굴비처럼 엮여 30미터 가량 떨어진 밭으로 끌려갔다. 경찰들은 "칼로 찔러 죽이자." "시간 없으니 총으로 쏴 죽이자." 그러며 떠들어 댔다.

엄마는 눈물을 흘리며 나를 바라봤다. '너는 어떻게든 살아서 동생들을 보살펴야 한다.'는 그런 눈빛이었다. 나는 너무 겁에 질려서 얼굴이 하얘졌다. 그래서 하늘을 쳐다보며 '어차피 죽을 거라면 칼에 찔려 고통스럽게 죽기보단 제발 총에 맞아 죽게 해 주세요.'라고 기도했다.

이윽고 탕탕 총소리가 났다. 바로 그때 엄마가 나를 덮치며 푹 쓰러졌다. 나는 엄마 밑에 깔렸다. 총에 맞은 엄마가 괴로움에 몸을 움직이자 내 몸은 온통 엄마의 피로 범벅이 되었다. 나는 울지도 못하고 비릿한 피 비린내를 맡으며 숨을 죽인 채 있었다.

그러고 나서 경찰들은 살아 있는 놈이 있을지 모른다며 쓰러진 사람들을 일일이 대검으로 찌르기 시작했다. 어느새 경찰이 내게로 다가오더니 벌써 숨이 멎은 엄마의 몸을 푹 찔렀다. 칼끝이 엄마의 몸을 뚫고 내 배에 살짝 닿았다. 하지만 나는 엄마 덕분에 하나도 다치지 않았다. 그렇게 엄마는 죽고, 나는 살아남았다.

뼛속까지 시린 추운 밤, 나는 꽁꽁 얼어 가는 엄마의 품에서 꼼짝없이 하룻밤을 지냈다. 그러면서 생각했다. 대체 왜 군인과 경찰은 아무 죄 없는 엄마 아빠를 죽인 걸까. 4·3사건이 뭐기에 이토록 수많은 제주도민들이 억울하게 희생되어야만 하는 것일까. 앞으로 나와 내 동생들은 어떻게 살아가란 말인가. 아, 이 모든 게 차라리 꿈이었으면…… Ⓗ

너무나 끔찍한 초토화 작전

미군정 이후 새로 들어선 이승만 정부는 1948년 11월 "제주도 빨갱이들을 없앤다."는 명분으로 계엄령을 선포하고 초토화 작전을 펼쳤다. 이는 이름 그대로 집과 사람을 초토화시키는 작전이다. 한라산 중턱에 자리한 산간 마을을 무장대와 내통할 우려가 있다며 깡그리 불태우고, 미처 피하지 못한 노약자는 총으로 쏴 죽였다. 소년 창수의 수기에서 보듯 무장대 가족은 말할 것도 없고, 무장대와 아무 관련이 없는 사람들마저 억울하게 죽었다. 이에 맞서 봉기를 일으킨 무장대는 경찰과 그 식구들을 죽이는 일까지 겹쳐 제주도민의 10분의 1인 3만여 명이 죽거나 행방불명됐다. 특히 희생자 가운데 3분의 1은 노인이거나 어린아이들이었다. 군인과 경찰들은 죄 없는 사람들까지도 '빨갱이'라고 죽였지만, 대부분의 주민들은 빨갱이가 아니었다. 그래서 세계의 정치학자들은 이 사건을 반인류 범죄인 제노사이드(집단학살)라고 이른다.

|역사 그 후|

잠들지 않는 남도

4·3항쟁은 마지막까지 무장대를 이끌던 이덕구가 한라산에서 사살됨으로써 1년여 만에 사실상 막을 내렸다. 제주 4·3항쟁은 좌우 이념 갈등이 빚은 한국현대사 최대의 비극이었다. 사건 이후 제주도민들은 '빨갱이'라는 오명을 뒤집어쓴 채 수십 년을 살아야 했다. 그 오명을 벗게 된 건 1999년 국민의 정부 때 '제주 4·3사건 진상 규명 및 희생자 명예회복에 관한 법률'이 국회를 통과한 뒤부터이다. 그리고 2003년에는 고 노무현 대통령이 제주도를 직접 방문해 과거 국가 권력의 잘못으로 고통 받은 유족과 제주도민한테 진심으로 사과함으로써 그간의 아픔을 조금이나마 씻어 주었다.

제주 4·3평화공원
제주 4·3사건의 역사를 기억하고 희생자의 넋을 기리고자 제주시에 조성된 공원.

특별기고

삼천만 동포에게 읍고함

남한만의 단독선거가 현실로 떠오른 1948년 2월, 김구가 단선, 단정에 반대하는 성명서를 《특종! 20세기 한국사》 편집실로 보내왔다. 쉽게 풀어 요약하여 싣는다.

삼천만 자매형제여!

통일하면 살고 분열하면 죽는 것은 예나 지금의 변치 않는 철칙이다. 그러므로 자기의 생명을 연장하기 위하여 조국의 분열을 꾀하는 것은 전 민족을 모래 구덩이에 처넣는 극악극흉의 위험한 일이다.

이와 같은 위기를 극복하기 위해서는 첫째로, 자주 독립적인 통일정부를 수립해야 할 것이다. 이것을 완성하기 위하여 먼저 남북한의 정치범을 동시에 석방하고, 미국과 소련 양 군대를 철퇴시키며, 남북지도자회의를 소집해야 할 것이다.

삼천만 자매형제여!

한국이 있고야 한국 사람이 있고, 한국 사람이 있고야 민주주의도 공산주의도, 또 무슨 단체도 있을 수 있는 것이다. 우리의 자주 독립적 통일정부를 수립하려 하는 이때에 있어서, 어찌 개인이나 자기 집단의 사리사욕을 탐하여 국가와 민족의 백년대계를 그르칠 자가 있으랴.

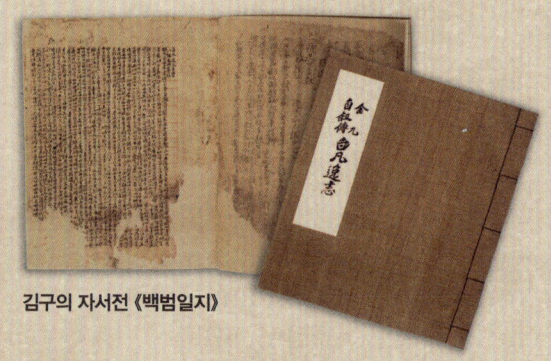

김구의 자서전 《백범일지》

이승만과 김구

　　마음속의 삼팔선이 무너지고야 땅 위에 삼팔선도 철폐될 수 있다. 조국이 내 한 몸을 필요로 한다면 당장이라도 통일 제단에 바치겠다. 나는 통일된 조국을 건설하려다가 삼팔선을 베고 쓰러질지언정 내 한 몸의 구차한 안일을 취하여 단독정부를 세우는 데는 협력하지 아니하겠다.
　　궂은 날을 당할 때마다 삼팔선을 싸고도는 원한 맺힌 귀신들의 곡성이 내 귀에 들리는 것 같다. 고요한 밤에 홀로 앉으면 남북에서 헐벗고 굶주리는 동포들의 원망스러운 모습이 내 앞에 나타나는 것 같다.
　　삼천만 동포 자매형제여!
　　붓이 여기에 이르매 가슴이 억눌리는 듯하고 눈물이 앞을 가리어 말을 더 하지 못하겠다. 바라건대 나의 애달픈 고충을 잘 살피어 내일의 건전한 조국을 위하여 한 번 더 깊게 생각해 보기 바란다.

1948년 2월 10일

김구의 성명서는 왜 나왔나?

● 성명서가 나온 배경
1948년 1월 들어 유엔한국임시위원단이 국내에 들어와 한반도의 통일정부 수립에 대해 논의하기 시작했다. 하지만 유엔임시위원단은 소련의 거부로 북한에는 들어가지 못했다. 그러자 유엔 소총회는 선거가 가능한 지역에서만이라도(삼팔선 이남을 가리킴) 총선거를 실시하기로 했다. 이에 김구는 단독선거가 민족을 영원히 분단시킬 것이라고 판단, 단독선거에 반대하는 성명서를 내놓았다.

● 성명서의 요점
성명서에서 김구는 첫째, 단독정부를 세우는 것은 "전 민족을 모래 구덩이에 처넣는 극악극흉의 위험한 일"이라며 비판하고 있다. 둘째, 우리 민족이 자주적이며 독립적인 통일정부를 세우려면 "미국과 소련 양 군대를 철퇴시키며, 남북지도자회의를 소집해야 한다."고 주장하고 있다. 셋째, 통일정부를 세우기 위해 자신은 "삼팔선을 베고 쓰러질지언정 단독정부를 세우는 데는 협력하지 아니하겠다."고 강조하고 있다.

● 성명서 발표 이후
1948년 2월 성명서를 발표한 김구는 "반쪽짜리 정부를 수립하고 그다음 나머지 반쪽을 통일하겠다는 것은 실현성이 없으며, 오직 동족끼리 피를 흘리는 전쟁이 있을 뿐"이라고 주장했다. 하지만 성명서 발표 이후 한반도의 정치 흐름은 단독선거와 단독정부 수립 쪽으로 빠르게 흘러갔다.

동행취재

김구는 왜 삼팔선을 넘었을까?

김구가 유엔이 정한 남한만의 단독선거를 막기 위해 삼팔선을 넘어 방북했다.
김구는 북에 가서 김일성을 비롯한 북쪽 지도자들과 만나 통일 임시정부 수립에 대해
논의할 것으로 알려졌다. 김구의 방북 길을 동행 취재했다.

삼팔선 앞에 선 김구
왼쪽부터 비서 선우진, 김구, 아들 김신.

삼팔선 넘어 북으로

 1948년 4월 19일, 김구가 일행 둘만을 대동하고 단출하게 방북 길에 나섰다. 얼마 전 그가 북한에 가서 김일성을 만날 거라고 발표하자 사람들은 김일성에게 이용만 당할 거라며 그를 극구 말렸다. 이날도 마찬가지였다. 사람들이 김구의 집무실인 경교장에 몰려와 김구 일행의 방북을 막아섰다.

 김구는 하는 수 없이 뒷담을 넘어 경교장을 빠져나왔다. 김구와 함께 남북협상을 벌이던 김규식은 이틀 뒤 오기로 되어 있었다. 경교장을 빠져나온 김구 일행이 삼팔선에 다다른 건 정오 무렵이었다. 김구는 삼팔선 푯말을 잡고서 "온 겨레가 합심만 한다면 곧 뽑아 버릴 수 있다."고 힘주어 말했다.

 김구가 늙은 몸을 이끌고 방북 길에 나선 까닭은 무엇일까. 그것은 근래의 한반도 정세가 예사롭지 않기 때문이다. 만일 유엔의 결의대로 남한에서 단독으로 총선거를 실시해 단독정부를 세운다면 북한도 기다렸다는 듯이 정권을 수립하게 될 테고, 그렇게 되면 남과 북은 끝끝내 분단이 될 게 뻔했던 것이다. 이런 위기감 때문에 김구는 두 달 전 벌써 북쪽의 실권자인 김일성과 김두봉에게 편지를 띄웠다.

그림/김소희

"미국과 소련이 자의적으로 갈라놓은 땅을 우리가 남의 일처럼 뒷짐만 지고 있어야 하겠습니까. 남과 북의 지도자가 서로 만나 머리를 맞대고 논의를 해서 단독정부 수립과 분단을 막아 냅시다."

그 얼마 뒤 김일성으로부터 만나자는 답장이 왔는데, 그에 응해서 지금 김구가 방북 길에 오른 것이다. 김구는 북쪽 지도자한테 편지를 보낼 즈음 우리 국민들에게도 호소문을 발표했다.

김구는 '삼천만 동포에게 읍고함'이라는 성명서(48쪽 '특별기고' 참조)에서 "삼팔선을 베고 쓰러질지언정 내 한 몸의 구차한 안일을 취하여 단독정부를 세우는 데는 협력하지 않겠다."는 뜻을 강하게 내비쳤다.

김일성 만나 통일정부 논의

삼팔선을 넘어선 김구 일행은 북측이 준비해 놓은 차를 타고 남북 정당 사회단체 대표자 연석회의가 열리는 평양으로 향했다. 김구 일행이 회의장에 들어서자, 회의에 참석한 사람들은 애국가 연주에 맞춰 다같이 애국가를 불렀다. 행사장 한가운데엔 태극기가 걸려 있었다.

연석회의에서 인사말하는 김구
1948년 4월 22일, 평양 모란봉 극장에서 열린 연석회의에 참석한 김구는 단독선거에는 결코 참여하지 않겠다는 뜻을 밝혔다.

이 회의에서 해방 이후 처음으로 남쪽과 북쪽의 좌우익과 중도파 인사들이 만나 통일정부 수립에 대해 의견을 나누었다. 이날 김구는 특별한 연설 없이 간단한 인사말만 했다.

마침내 4월 30일, 남과 북의 4김이 한자리에 모여 본격적인 남북협상을 벌였다. 북쪽에서는 김일성과 김두봉이, 남쪽에선 김구와 김규식이 협상 테이블에 앉았다. 북쪽의 김두봉은 일제강점기 중국 땅에서 항일 무장 투쟁으로 이름을 날린 독립운동가였다. 그러고 보니 네 사람 모두 독립운동가 출신이었다. 이 자리에서 김구가 김일성에게 말했다.

"나와 김규식 동지는 남한만의 단독정부 수립에 반대하는 바이오. 그러니 북쪽에서도 단독정부 추진을 중단해 주기 바라오."

김일성은 쾌히 "그러겠다."고 대답했다.

4김은 회의 뒤 4개항의 공동 성명서를 채택했다. 성명서의 핵심 내용은 다음과 같다.

첫째, 한반도에서 외국군 철수. 둘째, 외국군이 철수해도 내전이 일어나서는 안 되며, 반통일적인 발상을 허용하지 않음을 확인함. 셋째, 여러 정당들이 민주주의 임시정부를 수립할 것. 넷째, 남한만의 단선, 단정에 반대함.

김구의 방북 시기 적절했나

남북협상을 마치고 돌아오는 김규식

5월 5일, 김구와 김규식이 남북협상을 마치고 귀경했다. 김구와 김규식은 귀환 보고대회에서 "남과 북이 미군과 소련군의 철수를 요청하기로 했으며, 북쪽이 결코 단독정부 수립을 하지 않겠다는 약속을 받았다."고 발표했다.

두 사람의 성명서를 접한 한 시민은 "백범 선생이 너무 순진하신 것 같다."며 "며칠 후(5월 10일)에 남한만의 총선거가 치러지기로 돼 있는데, 그걸 어찌 막을 것이며, 또 북한이 한 약속을 어떻게 믿을 수 있느냐?"며 혀를 끌끌 찼다.

하지만 단독정부 수립에 반대해 남북을 오가며 보여 준 김구의 노력은 참으로 눈물겨웠다. 그럼에도 불구하고 통일정부 수립을 위한 김구의 방북이 너무 늦었다는 비판은 피할 수 없을 것 같다.

김구에 대한 평가 작업을 준비하고 있다는 한 역사학자는 다음과 같이 말했다.

"분단을 막으려면 지금이 아니라 해방 이후 바로 갔어야 했습니다. 그런데 김구는 그 무렵 신탁통치 반대로 시간을 허비했습니다. 신탁통치 반대 운동을 통해 자기가 이끌었던 상해 임시정부 세력이 더 크게 확장하길 바랐겠지요. 그렇게 임시정부의 법통만 고집하다가 끝내 좌우합작은 물론 통일정부 수립의 시기를 모두 놓쳐 버린 것입니다."

한반도의 정치 시계가 단독정부 수립으로 빠르게 돌아가는 요즘, 김구의 때늦은 방북이 더욱 아쉽게 느껴지는 건 바로 이 같은 이유 때문일 것이다. H

김구의 단선, 단정 거부는 옳았나?

김구가 북에서 김일성을 만나고 돌아온 지 닷새 뒤에 5·10선거가 치러졌다. 김구는 이 선거에 참여하지 않았다. 김구가 단독선거에 불참함으로써 이승만 같은 보수 세력에게 모든 권력이 다 넘어가고 말았다. 김구는 또한 대통령 선거와 정부 수립에도 참여하지 않았다. 그 결과 대한민국은 김구 세력 없이 반쪽짜리 정부로 출범했다. 만일 김구가 대세를 인정하고 단선과 단정 수립에 참여했더라면, 이승만의 북진통일에 제동을 걸므로써 2년 뒤 같은 민족이 서로 피를 흘리는 동족상잔의 비극을 피할 수도 있지 않았을까.

김일성과 김구
1948년 4월 22일 김일성과 김구가 남북 연석 회의장으로 함께 걸어가고 있다.

긴급토론

이승만과 김구, 단독정부냐 통일정부냐

- 단독정부 수립이냐 통일정부 수립이냐를 놓고 서로 주장이 팽팽히 맞서고 있다. 이에 《특종! 20세기 한국사》 편집실은 정부 수립에 대한 입장을 달리하는 이승만과 김구를 초대하여 긴급 대담을 갖는다.

- **대담 장소** 《특종! 20세기 한국사》 편집실 **때** 1948년 6월 3일
  사회 《특종! 20세기 한국사》 편집장 **참석** 김구, 이승만

|**사회자**| 먼저 바쁘신 가운데 토론에 참석해 주신 두 분께 감사드립니다. 시국이 비상하니 닥치고 바로 토론에 들어가도록 하겠습니다. 해방 이후 우리 민족에게 주어진 가장 큰 과제는 하나의 정부를 세우는 것이었습니다. 하지만 모스크바 3상 회의 결정 이후 신탁통치 문제로 좌우 갈등을 겪다가 시기를 놓치는 바람에 좌우합작 운동이 좌절되고, 끝내 임시정부 수립에 실패하고 맙니다.

그러다가 지난달 5월 10일 남한만의 단독선거를 치렀는데, 먼저 이 박사님께 질문 드리겠습니다. 현 정국이 단독정부 수립 쪽으로 기울었는데요, 단독정부 수립을 고집하시는 까닭이 무엇입니까?

|이승만| 단독정부 수립만이 우리의 살 길이기 때문입니다. 무지한 사람들이 통일정부를 주장하는데, 현실을 모르고 하는 얘깁니다. 지금 삼팔선 이남에서조차 통일이 안 되는데, 어떻게 저 북쪽 빨갱이들과 통일이 되겠습니까. 그러니까 우선 남한 정부를 수립하고, 북쪽을 조종하고 있는 소련과 타협해 남북통일을 이뤄야 한다는 것이외다. 단독정부가 최선은 아닐지라도 차선은 됩니다. 암, 그렇고말고요.

|김구| 차선이 아니라 최악입니다. 통일정부 수립이 어렵다고 단독정부 수립을 해야 한다는 건 천부당만부당한 얘기올시다. 우리 민족의 역량을 총동원해서라도 단독정부 수립만은 막아야 합니다.

|사회자| 말씀은 옳으신 것 같은데요, 현실적으로 그게 어렵지 않습니까? 백범 선생께서 단독정부를 반대하는 까닭은 무엇인가요?

|김구| 첫째는 남한이 단독정부를 세우면 북쪽도 보란 듯이 정부를 세울 겁니다. 그러면 분단이 합법화되는데, 분단으로 덕을 보는 세력이 대체 누구겠습니까?

그건 바로 분단을 이용해 정권을 잡으려는 민족 분열주의자들입니다. 둘째는 한반도에 두 정부가 세워지면 머지않아 동족상잔의 끔찍한 전쟁이 일어날 게 불 보듯 뻔합니다. 마지막으로 지하자원의 90%가 북쪽에 있고, 수력발전 같은 경우는 100%입니다. 이런 상황에서 분단이 되면 남한 경제는 치명타를 입게 됩니다.

두 개의 정부 서면 전쟁날 것

|사회자| 좀 더 일찍 북쪽과 협상을 벌였어야 했다는 비판도 있습니다만, 아무튼 단독정부를 막기 위해 백범 선생께서 지난 4월 북한에 갔던 걸로 알고 있습니다. 하지만 남북협상 이후 남쪽은 단독선거를 치렀고, 이제 단독정부 수립으로 달려가고 있습니다. 남북협상으로 나아진 게 없다는 말입니다. 이쯤 되면 남북협상이 실패한 거 아닌가요?

|김구| 아직 실패라 부르기엔 이르오. 나와 김규식 선생이 북쪽에 가서 김일성, 김두봉을 만나 미·소 양군

철수와 통일정부 수립에 합의를 하고 왔는데, 이 자리에 계신 이 박사를 비롯한 분단 세력이 미국과 손잡고 단독선거를 치렀습니다. 여기에 실망한 동포들이 아직 많이 있습니다. 지금이라도 힘을 모아 단독정부 수립을 반대하면 막을 수 있소이다.

|이승만| 이 보오, 백범. 가 봐야 소용없다고 내 그렇게 말렸거늘, 끝내 내 말 안 듣고 가더니 지금 그 꼴이 대체 뭐요? 대세가 벌써 통일정부가 어렵다는 쪽으로 기울었는데, 시국 판단이 어찌 그리 둔하단 말이오. 신탁통치 반대 운동 할 때 우리가 뜻을 같이하지 않았소? 그러니…….

|김구| 저와 이 박사가 했던 반탁 운동이 겉으론 같아 보일지 몰라도, 그 속 내용은 전혀 다릅니다. 국내에 지지 기반이 없던 이 박사는 반탁 세력을 끌어들여 권력을 잡으려고 했던 것이지요. 이 박사의 반탁은 한마디로 단독정부 수립을 위한 꼼수에 지나지 않았습니다.

|사회자| 그렇다면 백범 선생께선 그런 계략을 알고서도 왜 반탁 운동에 목을 매셨던 건가요?

|김구| 나의 반탁 운동은 이 박사와 차원이 다릅니다. 나는 철저하게 반외세 입장에서 신탁통치를 반대한 것이오. 다시 말해 항일 애국 세력이 총 단결하면 신탁통치를 물리칠 수 있다고 봤던 것이지요.

|이승만| 바로 그것이외다. 내가 늘 하는 말이 있잖소. 뭉치면 살고 흩어지면 죽는다. 민족 대단결만이 살 길이다! 하하하.

|사회자| 글쎄요. 이 박사님께서 외치시는 민족 대단결은 북쪽을 배제한, 아울러 좌익과도 타협 없는, 그런 대단결이 아니었나 싶습니다. 그래서 좌우합작 운동에 대해서도 비타협적이지 않았나요?

|이승만| 나는 좌우합작의 성공을 믿지 않았소. 이제야 말이지만 도무지 좌익 쪽하고는 얘기가 안 됩니다. 아니 얘기하고 싶지도 않소. 보세요, 내 말대로 좌우합작 운동이 실패하지 않았습니까? 그러니 백범 선생, 이제부터라도 나와 손잡고 새로운 대한민국을 건설하는 데 힘을 쏟아 보십시다. 먼저 단독정부부터 세우고 난 뒤 나중에 때가 되면 그때 가서 통일정부를 세우면 될 것 아니오.

|김구| 이 몸이 죽고 죽어 골백번 고쳐 죽어도 단독정부 수립에는 결코 참여하지 않을 것이오.

통일정부 수립으로 자주독립 완성

사회자 그럼 이쯤에서 정리하겠습니다. 안타깝지만 1948년 6월 현재 남한의 정치 일정표는 단독정부 수립에 맞춰져 있는 것 같습니다. 이런 걸 보면 이 박사님의 정치 감각이랄까, 대세를 따라가는 촉수가 굉장히 발달한 게 아닌가, 이런 생각이 듭니다.

|이승만| 표현이 잘못 됐소. 대세를 따라가는 게 아니라 대세를 만들어 가는 능력이 탁월한 겁니다.

|사회자| 아무튼 이 박사께서는 2년 전 정읍에서의 단독선거 발언 이후 초지일관 단독정부 수립에 매진하셨습니다. 그 결과 지금 단독정부 수립에 성큼 다가섰습니다. 정치적으로 볼 때 이 박사님의 승리라고 볼 수 있을 것 같습니다. 하지만 역사적인 평가는 어떨지 모르겠습니다. 단독정부가 세워지고 난 뒤 만일 동족상잔의 끔찍한 전쟁이 일어난다면, 그때는 후손들의 평가가 이 박사님의 현재 생각과 많이 다를 수도 있겠지요. 물론 그런 일이 결코 일어나지 않기를 바랍니다만. 마지막으로 한 말씀씩 듣고 토론을 마치도록 하겠습니다.

|이승만| 단독정부를 수립한 뒤에 통일, 이것이 나의 확고한 생각이오. 그러니 백범도 나와 손을 잡읍시다.

안 그러면 다칩니다. 사회자 선생도 역사적인 평가니 뭐니 그런 고리타분한 이야기 그만하고 내 쪽에 붙으시오. 얼굴도 잘생기고 말도 잘하시니, 정부 대변인 자리 하나쯤은 주리다.

|김구| 네 소원이 무어냐고 하느님이 물으신다면 첫째는 독립이오, 둘째는 자주독립이오, 셋째는 대한의 완전한 자주독립이라고 대답하겠소. 나의 남은 생을 통일 제단에 바치겠다고 맹세하는 바이오.

|사회자| 단독정부냐 통일정부냐, 참으로 어려운 과제입니다. 독자 여러분은 어떻게 생각하십니까? 어려운 질문 드리면서 끝장 토론 여기서 모두 마치겠습니다. 바쁘신 가운데 참석해 주신 두 분께도 감사드립니다. 아, 그리고 이 박사님께서 제안하신 정부 대변인 자리는 정중히 사양하겠습니다. Ⓗ

현장취재

대한민국 정부, 닻을 올리다

1948년 8월 15일, 해방된 지 3년 만에 대한민국 정부가 드디어 닻을 올렸다.
우여곡절 끝에 들어선 대한민국 정부가 지금의 혼란을 극복하고
세계 속의 대한민국으로 우뚝 설 수 있을까.

대한민국 정부가 수립되다

대한민국 정부 수립 선포식

마침내 대한민국호가 닻을 올렸다. 1948년 8월 15일, 애국가가 울려 퍼지는 가운데 경복궁 내 중앙청 광장에서 정부 수립 선포식이 거행됐다. 국내외 초청 인사들과 많은 국민들이 중앙청 광장에 마련된 기념식장을 가득 메웠다. 이어서 정부 수립을 축하하는 합창이 끝나고, 초대 대통령에 취임한 이승만이 기념사를 낭독했다.

"우리는 국토를 통일하기 위해 모든 노력을 경주하지 않으면 안 됩니다. 한반도 남단의 경계가 대한해협인 것처럼 북단의 국경은 백두산입니다."

남한만의 단독정부 수립을 의식해서인지 이승만은 기념사에서 유달리 통일을 강조했다. 하지만 이어진 기념사의 대부분은 미국, 특히 맥아더 장군에 대한 감사의 말로 채워졌다.

"대한민국의 정부 수립은 맥아더 장군의 대일전 승리 덕분입니다. 우리는 이에 감사해야 합니다."

기념식에 참석한 독립운동가 출신의 한 시민은 "일제하 독립투쟁과 독립운동가들에 대한 언급이나, 일제 치하에서 고통 받았던 인민들의 노고에 대한 위로의 말이 한 마디도 없어 무척 아쉽다."며 실망감을 드러냈다.

맥아더를 반갑게 맞이하는 이승만

총선거 홍보 포스터
1948년 5월 10일. 남한만의 총선거 실시를 알리는 홍보 포스터이다.

뿌리 깊은 나무, 대한민국

오늘 출범한 대한민국의 뿌리는 무척이나 깊다. 고조선 이래 고구려·백제·신라의 삼국 시대, 통일신라와 발해, 고려와 조선, 그리고 일제강점기를 거쳐 오늘에 이른 것이다. 무엇보다 쓰라린 아픔은 일제의 침략으로 36년간 식민지를 겪었으며, 그에 맞서 우리 민족은 끈질기게 독립운동을 벌였지만, 결국은 아쉽게도 외세의 도움으로 꿈에 그리던 해방을 맞이했다.

아울러 해방 이후 천 일 동안 대한민국이 탄생하기까지 숱한 어려움이 있었다. 해방이 되자마자 한반도는 남과 북으로 갈라지고, 남한에서는 좌우 갈등이 극심해 통일정부를 세우려는 염원이 갈수록 힘들어져 갔다. 그러던 차에 미군은 한반도 문제를 유엔으로 넘겨 5월 10일 남한만의 총선거를 실시했다. 이어 총선에서 당선된 국회의원들이 헌법을 제정하고, 7월 17일 헌법을 공표했다.

그런데 헌법을 만드는 과정에서 적잖은 잡음이 있었다고 알려졌다. 초대 국회의원인 김 모 의원의 설명이다. "신생 국가인 대한민국은 원래 의원내각제였습니다. 의원내각제는 정치가 의회 중심으로 돌아가는 것으로 총리가 실권자이고, 대통령은 상징적인 지위를 부여 받습니다. 그런데 이승만은 돌연 대통령중심제가 아니면 자기는 결코 대통령을 안 하겠다고 버텼습니다. 그렇게 해서 부득불 대통령중심제가 된 것이지요."

그에 따라 마침내 7월 20일 이승만이 초대 대통령에 당선되었다. 부통령은 만주에서 신흥무관학교를 설립했던 독립운동가 출신의 이시영이 맡았다. 그리고 나흘 뒤인 7월 24일 중앙청 광장에서 대통령 취임식이 거행되었다.

이 과정에서 단독선거와 단독정부 수립에 반대하는 수많은 사람들의 저항이 있었다. 앞서 말한 대로 김구와 김규식 같은 통일정부

대한민국 정부 수립 일지

5월 10일
남한만의 총선거 실시

7월 17일
대한민국 헌법 공표

7월 20일
대통령에 이승만, 부통령에 이시영 선출

7월 24일
중앙청에서 대통령·부통령 취임식 거행

8월 15일
대한민국 정부 수립 선포

세력은 5.10 총선거와 단독정부 수립에 참여하지 않았다. 초대 국회의원에 당선된 사람들은 좌익과 중도 인사가 소수 포함돼 있긴 하지만, 거의 이승만을 지지하는 지주 출신의 한국민주당 소속 인사이거나 우익 성향의 무소속 인사들이었다. 이런 까닭에 많은 국민들은 남한만의 단독정부가 세워지더라도, 그 정부마저 반쪽짜리 정부가 되지 않을까 하는 우려를 하고 있다.

첫발을 내디딘 대한민국 정부가 풀어야 할 최우선 과제는 무엇일까? 기념식에서 만난 한 시민은 "해방 이후 친일파 청산의 기회를 놓친 것이 안타깝다."며 "정부가 친일파 청산을 반드시 해 주길 바란다."고 당부했다.

신분을 농민이라고 밝힌 한 시민은 기대에 찬 표정으로 "농민들을 위해 우리도 북한처럼, 아, 이런 말 하면 안 되는 거죠? 아무튼 토지가 없는 농민에게 토지를 나눠 주는 토지개혁을 실시했으면 합니다."라고 말했다.

대한민국호 순항을 기대하며

과연 대한민국 제1공화국 정부가 이런 국민들의 바람을 제대로 실현해 줄 수 있을까. 이에 대해 한 정치 평론가는 다음과 같은 전망을 내놓았다.

"이승만 정부는 미군정이 그랬던 것처럼 과거 친일 경력이 있는 관료와 경찰을 그대로 기용했습니다. 이 같은 인사 정책으로 친일파 청산에 얼마나 적극적으로 나설지 의문입니다. 토지개혁 문제도 지주 출신의 국회의원들로 둘러싸인 국회에서 북한 같은 방식의 토지개혁을 하기는 어려울 걸로 보입니다. 그나마 통일 문제는, 오늘 기념사에서 보았듯이 무척 적극적일 것으로 보입니다. 다만 북한과의 대화와 타협보다는 무력으로 통일을 하려 들지 않을까

초대 내각 농림장관 '눈에 띄네'

이승만 정부 초대 내각에 눈에 띄는 인물이 있다. 주인공은 농림장관 조봉암. 조봉암은 극우 민족주의 계열로 채워진 이승만 내각과 어울리지 않는 이력의 소유자다. 그는 소련의 모스크바 대학을 나온 뒤 조선공산당 경기도 지부장을 역임한 정통 좌파이다. 이런 그를 이승만은 초대 농림장관에 기용한 것이다. 토지개혁 노선이 다르다는 이유로 조봉암이 거절하자, 이 대통령이 조봉암의 노선을 받아들이기로 해 극적으로 장관직을 수락했다는 후문이다.

역사 그 후 – 진보당 사건

진보당 후보 조봉암은 자유당 후보 이승만과 맞붙은 1956년 대통령 선거에서 아주 불리한 상황에서도 근소한 차이로 졌다. 그러자 이승만은 조봉암의 존재에 위협을 느껴, 그와 진보당원들을 간첩죄로 몰아 1959년 사형을 시켰다. 이것이 이른바 '진보당 사건'이다. 하지만 2011년 대한민국 법원은 재심을 거쳐 조봉암의 간첩 혐의에 대해 무죄를 선고했다.

재판받는 조봉암(맨 왼쪽)

따라쟁이 북한도 정부 수립

대한민국 정부 수립 2주 뒤 북한에서도 정부가 수립됐다. 국호는 북조선민주주의인민공화국. 북한은 해방 직후부터 토지개혁을 실시하고, 군대를 창설하는 등 남한보다 훨씬 오랫동안 정부 수립을 준비해 왔다. 통일정부 수립에 노력하는 것처럼 보였으나 그것은 명분 쌓기에 불과했다. 대한민국 정부가 수립된 지 2주 만에 정부를 수립한 게 단적인 증거이다. 남과 북에 각각의 정부가 들어섬으로써 이제 한반도 분단은 더욱 더 단단히 굳어질 것으로 보인다.

걱정입니다."

한편 정부 수립 기념식이 열리고 있던 그 무렵, 김구의 집무실인 경교장의 분위기는 더없이 침울했다. 김구는 단독정부 수립 저지에 실패하고, 제1공화국 정부에 참여하지 않음으로써 정치적 발언권을 상당 부분 상실할 것으로 보인다.

정부 수립 소감을 묻는 기자의 질문에 김구는 "무척 실망스럽고 슬프다." 면서 "강력한 통일 독립운동을 벌여 나갈 것."이라고 짧게 대답했다.

대한민국 정부는 정권 인수 작업을 시작해 다음 달 미군정 당국으로부터 권한을 넘겨받을 것으로 알려졌다. 우여곡절을 겪고 출범한 대한민국호가 거친 파도를 넘어 세계의 넓은 바다로 힘차게 나아가길 기대해 본다. Ⓗ

김구, 안두희 흉탄에 쓰러지다

김구는 1949년 6월 26일 정오, 집무실인 경교장 2층에서 육군 포병 소위 안두희가 쏜 총에 맞아 숨졌다. 안두희가 김구를 암살한 목적이 무엇인지 아직까지 정확히 밝혀지지는 않았다. 하지만 안두희의 배후에 악질 친일 군인이었던 육군 방첩대 소속의 김창룡이 있었고, 남북협상을 주장하는 김구를 눈엣가시로 여기는 이승만 세력이 있었던 것만은 분명하다. 김구를 암살한 안두희는 그로부터 47년 뒤인 1996년 버스 운전기사 박기서의 '정의봉'에 맞아 죽었다. 박기서는 기자한테 "쓰레기를 치우는 청소부의 심정으로 안두희를 죽였다."고 '거사' 동기를 밝혔다.

총알이 뚫고 지나간 유리창
김구의 피살 소식을 듣고 몰려온 시민들이 경교장 앞뜰에 주저앉아 통곡하고 있다.

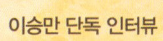

이승만 단독 인터뷰

"오늘은 정부 수립, 내일은 남북통일"

정부 수립 직후 대통령 집무실에서 초대 대통령 이승만을 만났다.
초대 대통령으로서 어떻게 대한민국을 이끌어 갈지 앞으로의
정국 구상을 들어 봤다.

● **늦게나마 초대 대통령에 취임하신 걸 축하드립니다. 오늘 드디어 대한민국 정부가 수립됐는데요, 먼저 소감 한 말씀 해 주시죠.**

"뭐라 표현하기 힘들 만큼 기쁩니다. 한편으론 대한민국을 잘 이끌어야 한다는 부담감 때문에 어깨가 무겁소이다. 성원해 주신 국민 여러분께 다시 한 번 감사드리는 바입니다."

● **대한민국의 최우선 과제를 뭐라고 보십니까?**

"그야 물론 남북통일이지요. 그래서 오늘 기념식의 표어도 '오늘은 정부 수립, 내일은 남북통일'로 정한 거 아니겠소. 남북통일을 위해 견마지로(개와 말의 노고라는 뜻으로, 자신의 노력을 낮추어 이르는 말)를 다하겠습니다."

● **대통령께서는 정부 수립 이전에도 북쪽과의 통일정부 수립에 부정적인 태도를 취하신 걸로 아는데, 정부가 수립됐다고 달라지겠는지요?**

"그건 오해입니다. 저는 통일을 위해서 어떠한 노력도 게을리하지 않을 것이오. 안 되면 무력으로라도 말이오."

● **그 말씀은 전쟁도 불사하겠다는 말처럼 들리는데, 그건 한 나라의 최고 지도자로서 너무 위험한 생각이 아닌가 싶습니다. 마지막으로 제 친구 봉달이가 그러는데요, 많은 국민들이 친일파 청산과 토지개혁을 바라고 있다고 합니다. 이에 대해서도 한 말씀 해 주시지요.**

"친일파 청산, 물론 해야죠. 허나 지금은 신생 국가인 대한민국의 틀을 잡는 게 급선무입니다. 따라서 능력 있는 공무원이나 경찰이라면 과거를 묻지도 따지지도 않고 새 정부 건설에 기용할 생각이오. 또한 토지개혁은 무상 몰수 무상분배를 말하는 거 같은데, 그건 저 북쪽 공산당이 하는 방식이라 곤란하단 생각이 듭니다. 그럼 내가 좀 바빠서 이만!"

만화로보는20세기한국사명장면

반민특위습격사건

안녕하십니까! 저는 반민특위 위원장 김상덕입니다.

김상덕위원장 특별초청 상영회

꿈에도 그리던 해방을 맞이하여 중국에 망명했던 독립투사 동지들과 저는 희망을 안고 고국으로 돌아왔습니다.

촤르륵... 와 와

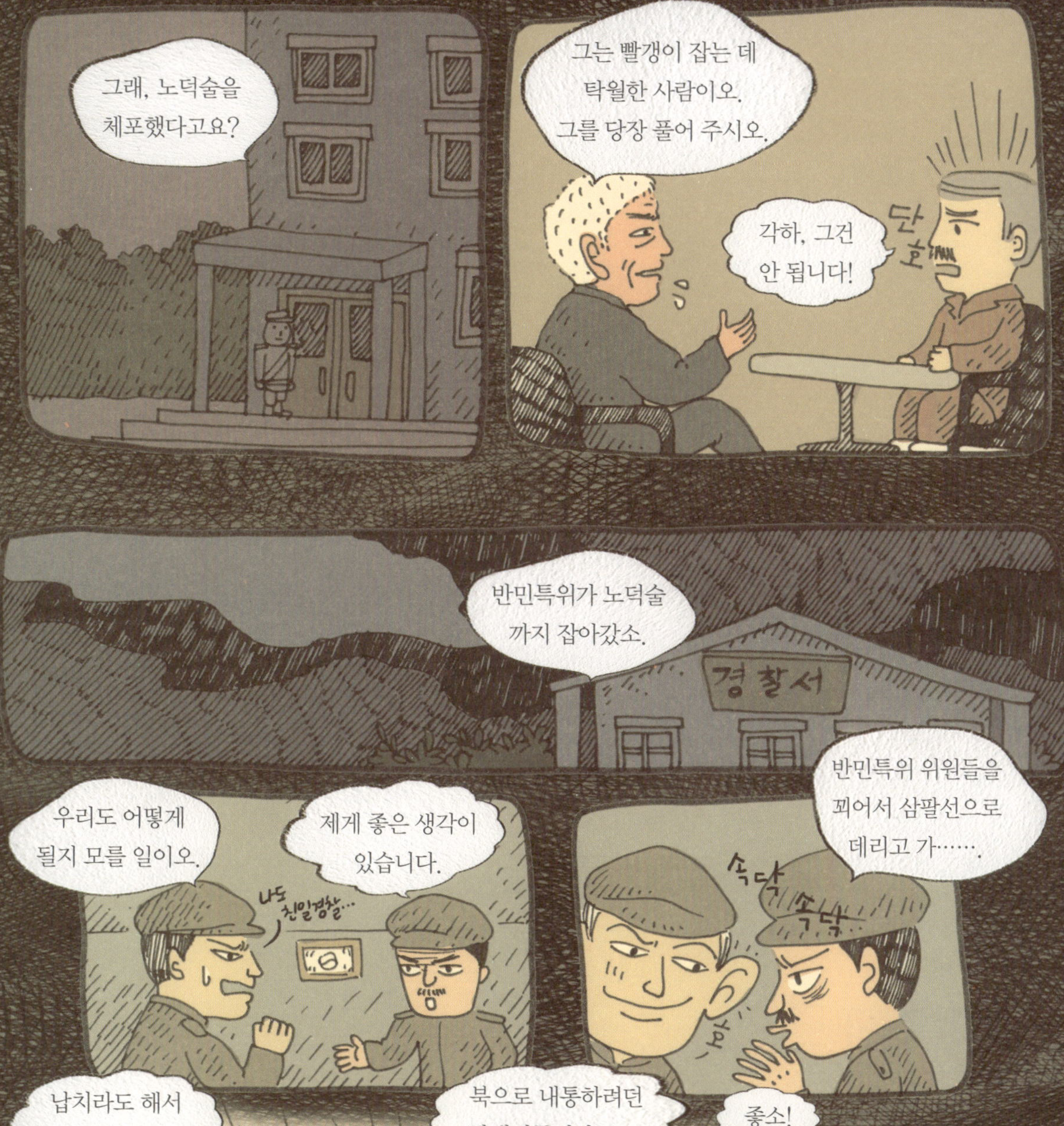

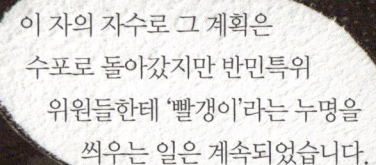

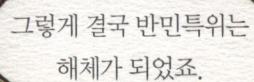

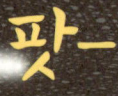

지금 북한에선

남쪽으로 넘어온 김순영 씨

"이래서 나는 남쪽으로 넘어왔다."

해방 이후 남쪽이 단독정부를 수립하는 동안, 북쪽에서는 어떤 일이 벌어지고 있었을까?
최근 남쪽으로 내려온 김순영(가명, 22세) 씨를 통해 북쪽에서 벌어지고 있는 상황을
자세히 들여다본다.

북쪽에서 살기 힘들어서

이기자(이하 이) 반갑습니다. 언제 남으로 내려온 건가요?

김순영(이하 김) 그러니까 1948년 9월 중순, 삼팔선을 넘어 남으로 내려왔어요.

이 남쪽 사람들이 북쪽에 대해서 궁금한 게 아주 많은데요, 가령 북쪽 정권이 어떤 과정을 거쳐 수립됐는지, 북쪽 인민들의 생활은 어떤지. 그 이야기 듣기 전에 먼저 자기소개부터 해 주실래요?

김 평양에서 자랐고요, 나이는 스물두 살입니다. 아버지와 어머니, 그리고 오빠가 한 분 있는데, 오빠는 저보다 1년 전쯤 먼저 이남으로 내려왔고, 아버지와 어머니는 지금 평양에 사세요. 저는 평양ㅈ여자고등학교를 졸업한 뒤 노동당에서 선전활동을 했어요.

이 왜 남으로 내려왔나요?

김 북쪽에서 살기 너무 힘들어서요. 이남에서 정부가 세워지고, 머잖아 북쪽에도 정부가 수립되면 이제 남북을 오가는 게 정말 힘들어질 거라며 아버지가 내려가 살라고 하셨어요. 그래서 넘어오게 됐어요.

이 살기가 너무 힘들어서 내려왔다고 했는데, 구체적으로 어떤 점이 힘들었나요?

김 무엇보다 저는 그쪽 체제랑 전혀 안 맞았어요. 그리고 저희 집안은 북한 공산 정권이 싫어할 만한 조건을 두루 갖췄어요. 조상 대대로 지주 집안에다 아버지는 일제강점기 일본에서 유학한 뒤 군청 고위 관료를 지냈어요. 게다가 뿌리 깊은 기독교 집안에다 남쪽에 친척들이 있었지요.

이 그러니까 북한 정권이 가장 싫어하는 '반동분자 4종 세트' 조건을 다 갖춘 셈이군요.

김 그런 셈이죠. 아버지는 해방이 되자마자 친일 관리라는 이유로 쫓겨났고, 오빠는 민족주의자였던 조만식 선생 밑에서 활동하다가

공산 정권의 미움을 샀고요. 저는 그다지 심한 탄압을 받진 않았지만 앞으로 어떻게 될지 몰라 내려왔어요.

평양에 온 소련군의 시가행진 모습

'반동분자' 집안이라는 이유로

이 집안 이야기는 짬나는 대로 또 하기로 하고요. 해방 이후 북쪽 모습이 어땠는지 말씀 좀 해 주실래요.

김 해방이 되자 소련군이 들어왔어요. 1945년 8월 24일인가 평양에 들어왔는데, 그들은 "우리는 조선 인민들이 자주적으로 새 나라를 건설하는 걸 돕겠다."고 했어요. 처음엔 그런 줄 알았죠. 그런데 얼마 지나지 않아 소련군이 이상한 짓을 했어요. 평양 시민들한테서 손목시계를 빼앗는가 하면, 밤에는 여자들에게 몹쓸 짓을 하기도 했어요. 그런 소문이 퍼지자 소련 헌병이 처벌을 강화해서 더 이상 그와 같은 일이 벌어지지는 않았지만, 아무튼 그때 어찌나 겁이 나던지······.

이 남쪽에선 현재 김일성이란 인물에 대해 관심이 많아요. 알려진 게 별로 없는 데다가 가짜니 진짜니 말도 많고.

김 김일성에 대해선 정확히 기억나요. 3년 전인 1945년 10월 14일 조선해방 축하집회가 열렸는데, 민족주의자이신 조만식 선생님께서 김일성을 소개했어요. 김일성이 연단에 모습을 드러냈는데, 너무 젊어 보이는 거예요. 3년 전 김일성은 서른세 살의 젊은이였거든요. 저는 깜짝 놀랐어요. 우리가 들은 김일성 장군은 만주에서 축지법을 써 가며 일본군을 물리치던 백발 노장이었는데, 앳돼 보이는 저 젊은이가 김일성이라고 하니까요. 그래 사람들이 가짜 아니냐고 수군댔죠. 나중에 알았지만 가짜는 아니고, 항일 무장 투쟁을 벌이던 그 김일성이 맞긴 하대요.

이 김일성이 그렇게 북한에 나타났는데, 그럼 소련군과 김일성이 들어와 북쪽을 어떻게 휘어잡았나요?

평양 군중대회에서 연설하는 김일성

조선의 간디, 조만식

조만식을 가리켜 '북쪽의 김구'라고도 한다. 김구와 마찬가지로 확고한 민족주의자로서 해방 뒤 남쪽에서 여운형이 건국준비위원회를 이끌었듯, 조만식은 평양에서 인민위원회를 이끌었다. 공산당에 끝까지 협조하지 않은 까닭에 김일성에 의해 감금당했다가 한국전쟁 때 총살된 것으로 알려졌다. 일제강점기 때는 조선물산장려회를 조직해 국산품 애용 운동을 펼치기도 했다. 이 일로 '조선의 간디'라는 닉네임이 붙여지기도 했다.

조만식

김 김일성 세력은 소련군의 전폭적인 지원 아래 사회주의 개혁을 거침없이 추진했어요. 조만식 선생님처럼 자기들에 반대하는 세력을 철저하게 탄압하면서 개혁을 추진했는데, 그때부터 문제가 생기기 시작했어요.

이 어떤 일들이 벌어졌는데요?

김 해방된 지 1년이 채 안 됐는데, 토지개혁을 한다며 무상몰수 무상분배를 한 거예요. 한마디로 지주들로부터 토지를 빼앗아, 농민들에게 공짜로 나눠 준 거죠.

이 북쪽의 토지개혁에 대해서는 남쪽에서도 좋게 평가하는 세력이 있는데…….

김 좋기는 뭐가 좋아요. 우리 집안은 그때 풍비박산이 났어요. 할아버지, 그 할아버지의 할아버지 때부터 물려받은 토지를 강제로 빼앗겼는데. 이게 말이 되나요?

이 그런 아픔이 있었군요. 그래도 북쪽의 토지개혁이 농민들에게는 큰 호응을 받았다고 하던데요.

김 그렇겠지요. 그 토지를 공짜로 받은 농민들이야 좋았겠죠.

토지개혁과 친일파 청산 때문에

이 토지개혁은 그렇다 치고, 북쪽 정권을 잡은 세력이 항일 무장투쟁을 벌이던 사람들이어서 친일파 청산은 남쪽과 비교도 안 될 만큼 철저하게 이뤄졌다고 들었어요.

김 그 때문에 우리 집안이 또 한 번 크게 난리를 겪었어요. 앞에서 저희 아버지가 일제강점기 때 고위 관료였다고 말씀드렸죠? 그런데 북쪽 정권은 친일파를 청산한다며 저희 아버지를 내쫓았어요. 먹고살려고 공무원한 게 어떻게 친일인가요? 그러니까 아빠는 지주 집안이어서 땅도 뺏기고, 친일 관리로 찍혀 공직에서 잘리고,

게다가 기독교 집안이라는 이유로 늘 감시를 받는 신세가 되고 말았지요. 그래서 오빠는 공산주의랑 싸우다가, 북쪽이 온통 공산주의 세상이 되자 살려고 남으로 온 거고요.

이 순영 씨 집안 이야기를 들어 보니 해방 뒤 북쪽의 역사가 보이는 것 같네요. 토지개혁이나 친일파 청산 말고 김일성 세력이 또 어떤 일들을 벌였나요?

김 가지가지했죠. 언론을 철저하게 통제해서 주민들 눈을 가리고, 자기들에게 협조하지 않으면 반동으로 몰아 탄압하고. 그러고 나서 북조선노동당을 창당해서 정권을 장악하고, 사회주의 체제로 나간 거죠.

이 아무튼 현재는 남쪽에 이어 북쪽도 정부를 세워서 두 개의 나라가 됐는데요, 남쪽 생활은 어떠세요?

김 아직 잘 모르겠어요. 하지만 북쪽보다는 혼란스러운 것 같아요. 저처럼 북쪽에서 내려온 사람이 많아서 그런지 지역 갈등도 좀 있는 것 같고요. 어서 빨리 오빠나 만났으면 좋겠어요.

이 오빠가 어디 있는데요?

김 내려와서 알아봤더니 몇 달 전에 제주도로 갔대요. 4·3사건이 일어나서 빨갱이 잡는다고. 오빠는 서북청년단이란 청년 단체에 가입했다는데, 주로 이북에서 내려온 사람들이죠. 그 사람들이 남쪽마저 공산화되면 자기들은 더 이상 갈 곳이 없다면서 죽기 살기로 빨갱이들과 싸우고 있대요. 휴…….

이 오늘 인터뷰는 여기서 마치겠습니다. 해방 뒤 북쪽에서 벌어진 일들에 대해 좋은 정보 많이 얻은 것 같습니다. 남과 북에 정부가 세워져 한 치 앞을 내다볼 수 없는 상황으로 가는 게 안타까울 뿐입니다. 부디 순영 씨는 남쪽 생활에 잘 적응하시길 바랍니다. Ⓗ

김일성 암살 미수 사건

1946년 3월 1일, 평양역 광장에서 열린 3·1운동 27주년 기념식에서 김일성을 향해 수류탄이 날아들었다. 바로 그때 경비를 서던 소련군이 잽싸게 수류탄을 집어 들었지만, 곧바로 터지는 바람에 소련군은 오른팔을 잃었다. 만일 그 소련군이 아니었으면 김일성의 목숨이 어찌 됐을지 모르는 일이었다. 그 후 김일성 암살 미수 사건의 배후는 김구로 밝혀졌다.

북한 정부 수립 일지

1946년 2월
북조선 임시인민위원회 조직

1946년 3월
무상몰수 무상분배 토지개혁

1946년 6월
북조선노동당 창당

1948년 2월
조선인민군 창설

1948년 4월
제1차 남북협상(김구 참여)

1948년 9월
조선민주주의인민공화국 수립

20세기 핫이슈

- 한국전쟁, 발발에서 휴전회담까지
- 한국전쟁의 원인은 바로 이것
- 흥남 철수 대작전
- 전쟁 속에 피어난 휴머니스트 3인방
- 열두 살 소녀의 일기
- 판문점의 안과 밖 풍경
- 전쟁이 끝나고 난 뒤

끝나지 않은 전쟁
6·25

결국 전쟁이 터지고 말았다. 남과 북이 따로따로 정부를 수립할 때부터 진작 이렇게 될 줄 알았다. 그래서 김구도 기를 쓰고 단독정부 수립을 막으려 했던 게 아닌가. 1950년 6월 25일 시작된 전쟁이 햇수로 3년을 넘겨, 현재 휴전 막바지에 와 있다. 전쟁은 왜 일어났으며, 무고한 사람들은 어째서 그토록 죽어 갔을까? 그리고 과연 이 끔찍한 전쟁은 언제쯤 끝날 것인가?

한국전쟁 A to Z

한국전쟁,
발발에서 휴전회담까지

한국전쟁이 일어난 지 3년째. 이 역사적인 사건이 어떻게 전개됐는지 살펴보는 것은 무엇보다 이번 전쟁의 전체적인 맥락을 이해하는 데 큰 도움이 되지 않을까 싶다.
그럼 전쟁 전문가를 초대해 한국전쟁의 전개 과정과 중요 포인트를 짚어 본다.

전쟁은 하나인데 이름은 서넛

외국에서는 6·25전쟁을 한국에서 벌어진 전쟁이라고 해서 한국전쟁이라고 한다. 반면 중국은 미국에 대항해 조선을 도운 전쟁이라는 뜻에서 '항미원조'라고 한다. 임진왜란 때 명나라가 조선을 도와 참전했을 때 '항왜원조'라고 했던 것과 같은 맥락이다. 《특종! 20세기 한국사》 편집실은 한국전쟁과 6·25전쟁이란 용어를 적절히 같이 사용하기로 한다.

기습 남침과 서울 함락

기 자 1953년 7월 현재 휴전을 눈앞에 두고 있습니다. 지금 이 순간에도 멀리서 포성이 간간히 들려오고 있는데요, 먼저 이번 전쟁의 성격을 간단히 짚어 주시죠.

해설자 이번 전쟁은 북한의 기습으로 시작됐습니다. 처음엔 남과 북이 같은 민족끼리 싸우는 내전으로 시작됐지만, 유엔군이 참전하고, 이어서 중공군이 개입하면서 국제전 성격을 띠게 됐습니다.

기 자 이번 전쟁을 일컫는 말도 여러 가지인데요, 그걸 들여다보면 남한과 북한, 미국과 중국이 이번 전쟁을 어떻게 생각하는지 알 수 있을 것 같습니다.

해설자 그렇습니다. 대한민국은 이번 전쟁을 6·25전쟁이라고 이릅니다. 전쟁이 시작된 날짜를 붙여서 인민군(북한의 군대)이 남침했다는 걸 강하게 드러냈다고 볼 수 있죠. 반면에 북한은 조국해방전쟁이라고 하는데, 남쪽을 해방하려고 전쟁을 일으켰다는 명분을 강조한 측면이 있습니다.

기 자 그럼 지난 3년간 진행돼 온 한국전쟁의 중요한 포인트를 짚어 볼까 합니다. 이번 전쟁은 남과 북이 밀고 밀리며 마치 톱질하듯 전개돼 왔습니다. 그 첫 번째 포인트를 짚어 주시겠습니까?

해 설 자　첫 번째 포인트는 1950년 6월 25일 북한군의 기습 남침에 의한 서울 함락입니다. 그날 새벽 인민군은 삼팔선을 뚫고 남침했습니다. 개성과 춘천, 그리고 동해 쪽으로 밀고 들어왔는데, 인민군 주력부대는 의정부를 거쳐 서울로 밀고 내려와 사흘 만에 서울을 점령했습니다. 축구로 치자면 남한은 경기 시작한 지 3분 만에 첫 골을 먹은 셈이라고 볼 수 있겠지요.

삼팔선을 넘어오는 북한군 탱크

기　자　엄청 빠른 시간에 골이 터진 건데요, 국군이 왜 이렇게 맥없이 무너진 걸까요?

해 설 자　이승만 대통령은 정부 수립 후 줄곧 북진통일 운운하며 전쟁도 불사하겠다고 호언장담해 왔지만, 인민군이 소련제 신식 무기를 갖추는 등 나름 착실히 전쟁을 준비한 뒤에 기습 공격 해 와서 막기가 쉽지 않았습니다. 막상 뚜껑을 열어 보니 우리 쪽 전력이 인민군에 견줘 형편없이 모자랐다는 게 드러난 셈이지요.

기　자　전쟁 초기에 우리 정부가 우왕좌왕하느라 제대로 대응다운 대응을 못 한 것 같은데요.

해 설 자　네, 그렇습니다. 이승만은 인민군이 파죽지세로 밀고 내려오는 상황에도 라디오 방송을 통해 우리 국군이 인민군을 잘 막아 내고 있다고 거짓 방송을 내보냈습니다. 그러고는 정작 자신은

폭파된 한강대교

몰래 서울을 빠져나간 뒤 한강대교를 폭파해 버리는 바람에 수많은 피난민들이 강물에 빠져 목숨을 잃었지요. 하나뿐인 다리가 폭파되자 피난을 갈 수 없었던 사람들은 인민군이 서울을 점령하자 불안에 떨어야 했습니다. 이때 국회의원들도 60명가량 미처 피난을 못 가 인민군한테 충성을 맹세하는 수모를 겪게 되지요.

인천상륙작전과 서울 수복

기 자 두 번째 포인트를 짚어 주시겠습니까? 서울 함락에 이어 임시 수도 대전이 함락되고, 이후 밀리고 밀려 1950년 9월 초 낙동강에 최후 방어선을 설치하고 인민군과 대치하게 됐는데요. 그때 상황을 좀 설명해 주시죠.

해 설 자 대한민국은 그때 남은 영토가 대구, 마산, 포항, 부산 정도였습니다. 남한의 90%를 점령당한 아찔한 순간이었죠. 바로 이때 미군을 중심으로 한 유엔군이 큰 활약을 펼쳤습니다. 맥아더 사령관은 9월 중순 육해군 합동으로 인천상륙작전을 벌여 멋지게 적의 허리를 강타했습니다. 말하자면 하이킥을 날린 거죠. 인천에 상륙한 한국군과 유엔군은 서울 쪽으로 밀고 들어가 드디어 9월 28일 서울을 되찾았습니다.

기 자 인천상륙작전은 제2차 세계대전 때 독일군을 궁지로 몰아넣은 노르망디 상륙작전을 떠올리게 합니다. 적의 허를 찌르는 기습작전으로 전세를 뒤집은 게 말이죠.

해 설 자 전세를 뒤집은 건 맞지만 적의 허를 찌른 건 아니었습니다. 인민군도 인천상륙작전 계획을 알고 있었습니다. 하지만 낙동강 전선에서 워낙 전투력 손실을 입어 마땅히 저지할 힘이 없었습니다. 알면서도 어쩔 수 없이 당한 거죠.

인천상륙작전을 지휘하는 맥아더

기 자 어쨌거나 인천상륙작전으로 9월 28일 중앙청에는 태극기가 다시 올려졌는데요, 한국군과 유엔군이 만회골을 터뜨린 거라 볼 수 있을 것 같습니다.

삼팔선 돌파와 평양 점령

기 자 이제 전쟁의 후반전이 시작되는 세 번째 포인트로 넘어가 볼까요? 서울을 수복한 한국군과 유엔군이 대대적인 반격을 시도해 삼팔선을 넘어가지 않았습니까?

해 설 자 한국군과 유엔군이 삼팔선을 통과한 날이 10월 1일인데, 아마 제가 볼 때 전쟁이 끝난 뒤 그날을 기념해 '국군의 날'로 지정하지 않을까 생각됩니다. 삼팔선을 넘은 유엔군과 한국군은 원산과 평양을 점령하는데, 유엔군은 거기서 그치지 않고 북진을 계속했습니다. 한국과 만주의 국경인 압록강과 두만강까지 인민군을 몰아내려는 것이었지요.

기 자 이때의 상황에 대해서 좀 더 자세히 알고 싶은데요. 북한 지역에서 벌어진 일이라 정보가 많지 않아서······.

해 설 자 평양을 점령하자 이승만도 뒤이어 평양에 발을 내디뎠습니다. 전쟁 전부터 점심은 평양에서, 저녁은 신의주에서 먹겠다고 외치던 분이었으니 평양 점령이 얼마나 감격스러웠겠습니까. 이승만은 곧바로 평양에 남한의 정부 정책을 실시했습니다. 하지만 불과 얼마 안 돼 중공군(중국공산군)의 개입으로 다시 눈물을 머금고 후퇴해야 했습니다.

기 자 중공군 개입을 말씀하셨는데, 그때가 언제였나요?

해 설 자 1950년 10월, 국군과 유엔군이 압록강으로 진격할 무렵 중공군은 벌써 압록강을 넘어 한반도로 들어왔습니다. 하지만 중공군이 본격적으로 유엔군과 싸우기 시작한 건 11월 말입니다. 중공군이 전쟁에 개입한 건 입술이 없으면 이가 시리다는 '순망치한'

> **도강파와 잔류파**
>
> 인민군의 기습 남침 때 서울에 남아 있던 사람들을 잔류파, 한강을 건너 피난 간 사람들을 도강파라 이른다. 잔류파에는 한강 다리가 끊겨서 못 간 사람도 있고, 인민군이 내려온다고 무슨 일이 있겠냐며 별 생각 없이 남아 있던 사람도 있었다. 하지만 서울을 수복한 대한민국 정부는 잔류파를 인민군에 협조한 사람들로 여겨 무지 괴롭혔다. 한강 다리 끊어 놓고 몰래 도망간 주제에, 남아 있던 국민들을 빨갱이 취급하며 괴롭히다니, 적반하장이 아닐 수 없다.

압록강을 건너는 중공군

중공군은 무조건 인해전술?

인해전술은 무기로는 안 되니까 바다처럼 많은 쪽으로 밀어붙이는 전술이란 뜻이다. 장진호 전투 때 "중공군이 끊임없이 밀려와서 그 시체로 진지를 구축할 정도였다."는 미군들의 증언에서 인해전술이란 말이 생겨났지만, 사실 인해전술은 중공군이 잘 쓰는 전술은 아니었다. 중공군이 주로 쓰는 전술은 밤에 산을 타고 진군하면서 적을 포위, 기습하는 게릴라 전법이다. 그러니까 중공군에 대한 미군의 공포가 '인해전술'이란 말을 만들어 낸 것이다.

논리 때문이지요. 다시 말해서 중국은 북한이 무너지면 자신들도 위험에 빠질 거라 생각했던 것입니다. 그리고 중국이 공산혁명을 일으킬 때 북한이 도와준 적이 있는데, 그에 대한 보답으로 참전한 것이기도 하고요.

중공군 개입과 1·4후퇴

기 자 중공군과 유엔군의 전투는 어떻게 전개됐나요?

해 설 자 11월 말 중공군이 대대적인 공격을 퍼부었습니다. 함경북도 개마고원에 장진호라는 호수가 있는데, 그곳에서 중공군과 유엔군 사이에 큰 전투가 벌어졌습니다. 중공군은 밀리는 척 후퇴하다가 돌연 미군의 후방을 끊고 미군을 포위해 버렸습니다. 그때 중공군과 미군 사이에 격렬한 전투가 벌어지는데, 기록에 따르면 중공군은 12만 명 가운데 4~5만 명, 미군은 2만 명 가운데 4~5천 명이 전사했다고 합니다. 미군은 이때의 전투를 미 해병대 역사상 최대의 패배라고 일컫는다 합니다. 장진호 전투에서 패배한 미군은 어쩔 수 없이 철수 작전을 단행합니다. 이게 바로 그 유명한 '흥남 철수 대작전'입니다.

기 자 "눈보라가 휘날리는 바람 찬 흥남부두에~." 이런 노랫말로 유명한 흥남부두 철수를 말씀하시는 것 같은데요.

해 설 자 그렇습니다. 열 배가 넘는 병력으로 마구 밀어붙이니 세계 최강의 미 해병대도 당해 낼 수가 없었던 거죠. 미군은 장진호 전투 패배 이후 육로로 후퇴하는 게 불가능하자 흥남부두에서 바다를 통해 철수하기로 결정한 것입니다. 이때 남쪽으로 가려는 수많은 사람들의 피난 행렬이 끝없이 이어집니다. 남한에 있던 사람들은 서울을 떠나 다시 남쪽으로 피난을 가게 되는데, 그때가 1월 4일이어서 '1·4후퇴'라는 이름이 생겨나게 된 거지요.

삼팔선에서 도로 휴전선으로

기 자 이제 한국전쟁의 마지막 포인트에 다다랐는데요, 어떤 상황인지 말씀해 주시죠.

해 설 자 그러니까 1·4후퇴 때 국군과 유엔군이 다시 남쪽으로 후퇴한 이후 상황입니다. 중공군은 남쪽으로 밀고 내려오며 유엔군과 한국군에 총공격을 퍼부었습니다. 이에 맞서 유엔군과 국군이 끈질기게 반격을 가하면서 중공군의 희생자가 많이 생겨났지요. 그러자 중공군은 더 이상 남진을 하기가 힘든 상황에 이르렀습니다. 그 틈을 타서 1951년 3월 말, 국군은 삼팔선 지역을 다시 차지했습니다. 결국 1950년 6월 25일 시작된 전쟁은 남진과 북진을 반복하다가 전쟁 이전의 대치 선으로 되돌아온 것입니다.

기 자 그 많은 희생을 치르고 다시 원점으로 돌아온 거군요.

해 설 자 그렇습니다. 중공군 참전 후 삼팔선 지역에서 대치하게 되자 중공군도 유엔군도 고민에 빠졌습니다. 서로 한 번씩 상대에게 큰 피해를 본 터라 섣불리 전쟁을 다시 시작하기가 쉽지 않았던 거죠. 그래서 양측은 어떻게 하면 '쪽팔리지 않고' 명예롭게 전쟁을 끝낼 것인가 고민하기 시작한 것입니다.

기 자 그렇게 해서 나온 게 휴전회담이군요.

해 설 자 그렇습니다. 양측의 의견이 일치해서 전쟁을 시작한 지 딱 일 년이 되는 1951년 6월 휴전회담이 시작됐습니다. 그때 시작된 휴전회담이 2년이 지난 오늘날까지 이어져 온 겁니다.

기 자 이상으로 한국전쟁의 전개 과정을 중요 포인트별로 나눠 살펴봤습니다. 하지만 휴전회담이 막바지에 이른 지금도 남과 북이 치열하게 전투를 벌이고 있습니다. 어서 빨리 휴전회담이 매듭지어져서 더 이상 남과 북의 군인들뿐만 아니라 무고한 양민들의 희생도 없기를 간절히 바랍니다. Ⓗ

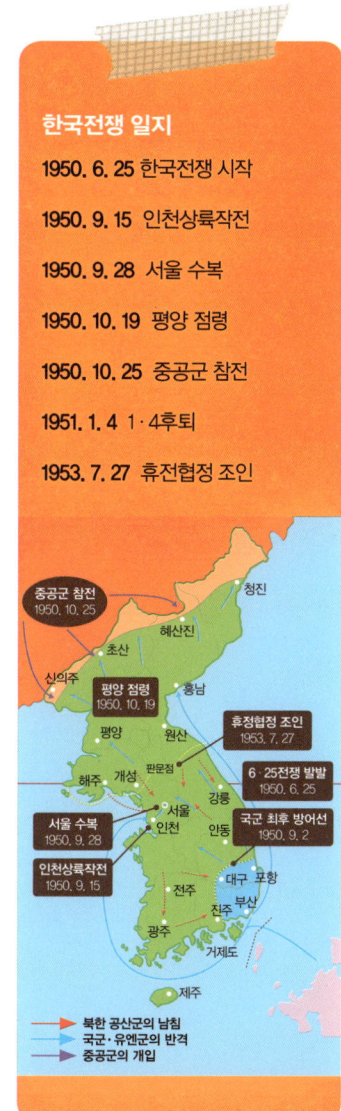

한국전쟁 일지
1950. 6. 25 한국전쟁 시작
1950. 9. 15 인천상륙작전
1950. 9. 28 서울 수복
1950. 10. 19 평양 점령
1950. 10. 25 중공군 참전
1951. 1. 4 1·4후퇴
1953. 7. 27 휴전협정 조인

석학에게 듣는다

한국전쟁의 원인은 바로 이것

한국전쟁은 왜 일어났을까? 전쟁이 일어난 까닭을 잘 이해하면, 전쟁을 어떻게 끝낼 수 있는지에 대한 해답도 쉽게 얻을 수 있다. 남과 북, 미국과 소련의 역사학자에게 똑같은 질문을 주고 답변을 받았다.

한국전쟁의 원인이 무엇이라 생각합니까?

남쪽 학자 "북한과 소련의 침략 야욕 때문"

한국전쟁은 공산주의 국가를 더 많이 만들려는 소련의 야욕과 무력으로라도 한반도를 통일시키고 싶어했던 김일성의 무모한 욕심이 맞아 떨어져 일어났습니다. 김일성은 모스크바에 있는 스탈린을 직접 찾아가 전쟁에 대해 상의한 것으로 알려졌습니다. 스탈린이 처음에 전쟁에 반대하자, 김일성이 "우리가 전쟁을 일으키더라도 미군이 개입하지 않을 것"이라며 소련을 설득했습니다. 그리고 전쟁이 시작되면 3일 안에 남조선을 해방시킬 수 있다고 소련을 꼬드겼습니다. 그 덕분에 스탈린은 김일성과의 면담 이후 마음을 바꾼 것으로 알려졌습니다.

미국 학자 "좌우와 남북 갈등이 전쟁의 발단"

한국전쟁의 가장 큰 원인은 조선인들의 내부 갈등입니다. 무슨 얘기냐 하면, 해방 뒤 남과 북이 분단되고, 남쪽에서는 좌익과 우익의 갈등이 끊이지 않았습니다. 심각한 좌우 대립으로 남쪽에서는 이승만과 우익이, 북쪽에서는 김일성과 좌익이 권력을 잡았습니다. 한국전쟁은 결국 좌우 갈등을 넘어 남북 간의 갈등이 곪아 터져 일어난 것입니다.

소련 학자 "분단을 극복하려는 조선 민족의 역량이 부족해서"
조선인들은 미국과 소련이 신탁통치를 결정한 이후 갈등이 커져서 전쟁까지 이르게 됐다고 말하지만, 그렇지 않습니다. 제2차 세계대전의 패전국이었던 오스트리아는 전쟁이 끝난 뒤 10년 동안 미국, 영국, 프랑스, 소련의 신탁통치를 받았습니다. 그러고 나서 통일국가를 수립했습니다. 오스트리아나 조선이나 똑같이 외세가 개입했지만 오스트리아는 통일정부를 세웠고, 조선은 좌우 갈등으로 허송세월하다가 끝내 전쟁에 이르렀습니다. 따라서 한국전쟁이 일어난 건 외세의 입김보다 분단을 극복하려는 조선 민족의 의지와 역량이 부족했기 때문입니다

북쪽 학자 "분단 결정한 미국이 가장 큰 원인"
한국전쟁의 직접적인 원인은 분단입니다. 분단이 되지 않았다면 전쟁이 일어나지 않았을 겁니다. 그렇다면 전쟁을 불러온 분단은 누구에 의해 결정된 것입니까? 그 또한 우리 민족이 찌질해서 그렇게 됐다고 하면 할 말이 없습니다만, 결정적으로는 미국 탓이 큽니다. 미국이 먼저 소련에 한반도 분단을 제의했고, 소련이 그에 동의하면서 분단이 된 것입니다. 해방 후 분단을 통해 남쪽에 친미 정권을 세우려는 미국의 야욕 때문에 결국 전쟁에 이르게 된 것입니다.

종 군 취 재 기

흥남 철수 대작전

인천상륙작전 후 압록강까지 밀고 올라갔던 유엔군이 중공군의 개입으로
고전을 면치 못하자 유엔군 사령부는 부득이 후퇴 명령을 내렸다.
흥남부두에서 진행되고 있는 철수 작전을 전쟁 전문 기자인 이 기자가 직접 취재했다.

눈보라가 휘날리는 바람 찬 흥남부두

흥남부두에 몰려든 피난민들

1950년 12월 24일, 크리스마스이브의 흥남부두. 흥남을 탈출하려는 군인과 민간인들이 몰려든 지금 이곳은 그야말로 아비규환의 수라장이다. 피난선에 오르기 위해 얼음보다 차가운 바닷물로 뛰어드는 아낙네들, 몰려드는 사람들에 짓밟히는 어린아이들, 배에 오르려다 바닷물에 빠져 죽은 노인들…….

유엔군의 후퇴 명령에 따라 이달 15일부터 열흘 동안 철수 작전이 벌어지고 있다. 작전의 목표는 현재 함경도에 있는 미군과 국군 그리고 민간인을 남쪽으로 실어 나르는 것이다. 철수 작전은 10년 만에 찾아온 강추위와 밀려드는 사람들에 비해 턱없이 부족한 함청 수 때문에 크나큰 어려움을 겪고 있다.

유엔군과 국군은 왜 전격적으로 흥남 철수 작전을 단행하게 된 것일까. 흥남부두에서 피난 작전을 수행하고 있는 포니 대령은 흥남부두 철수 작전의 배경을 다음과 같이 설명했다.

"삼팔선을 넘어 승승장구하던 미군이 중공군에게 미군 역사상 가장 큰 패배를 당하자, 맥아더 사령관이 후퇴 명령을 내렸습니다. 그런데 흥남 밑에 있는 원산이 벌써 북한군에 점령당한 상황이어서 부득이 흥남부두에서 철수 작전을 벌이게 된 것입니다."

후퇴도 작전이다

흥남 철수 작전에 따라 12월 15일부터 열흘 동안 세계 전쟁 역사상 가장 규모가 큰 철수 작전이 벌어졌다. 미 해병대가 장진호에서 중공군을 막아 주는 동안 십만 명에 달하는 유엔군과 국군이 흥남에서 철수를 시작했다. 그런데 이때 흥남 인근의 민간인들도 남쪽으로 피난 가기 위해 흥남부두로 모여들었다. 부두에서 남쪽으로 가는 배를 기다리던 윤팔복(가명) 씨는 피난민이 흥남으로 밀려온 까닭을 다음과 같이 말했다.

"얼만 전부터 미군이 북한 지역에 원자탄을 터뜨린다는 소문이 쫙 퍼졌지비. 원자탄 그거이 엄청 무서운 거 아임메. 게다가 이제 곧 공산군이 이곳을 점령하면 목숨이 어찌 될지도 모르고. 그래서리 이래 피난길에 나섰다 아임메."

애초 흥남 철수 작전에 민간인을 실어 나른다는 계획은 없었다. 십만이나 되는 군인과 차량, 무기를 실어 나르기에도 배와 시간이 부족했기 때문이다. 그런데 북쪽 피난민의 딱한 사정을 안 어느 한국인의 끈질긴 요청으로 미군 책임자가 민간인을 포함시키기로 했다.

북쪽 피난민을 구한 미군들

알몬드 소장은 흥남 철수 작전을 총지휘한 미군 책임자이다. 그는 미군 군사 고문으로 참전한 한국인 현봉학 씨의 끈질긴 요청을 받아들여 애초 배에 군인들과 장비만 실으려던 계획을 바꿔 북쪽 주민을 싣기로 결정한 인물이다. 또한 포니 대령은 탑재 전문가로 흥남 철수 때 상륙용 함정에 있던 군장비를 배에서 내리고 피난민들을 실어 날랐다.

그 덕분에 십만에 이르는 북쪽 피난민이 배를 타고 남쪽으로 탈출할 수 있게 됐다. 이처럼 수많은 민간인의 목숨을 구하는 데 큰 역할을 한 주인공은, 미군 군사 고문으로 참전하여 흥남 철수 작전을 돕고 있는 현봉학 씨다. 그는 민간인도 철수 작전에 포함시켜야 한다며 작전 책임자인 알몬드 소장을 끈질기게 설득한 것으로 알려졌다. 그의 끈질긴 노력으로 마침내 알몬드 소장은 배에서 군장비와 무기를 버리고 북쪽 피난민을 싣기로 결정했다.

무기와 장비 버리고 주민들 실어

흥남 철수 대작전에 미군 함정과 LST(상륙용 함정), 상선까지 10여 척의 배가 동원됐다. 십만의 군인과 십만에 이르는 민간인들이 자기 차례를 손꼽아 기다리며 흥남부두 일대에 장사진을 이루었다. 배가 한 번 떠나면 다음 배가 올 때까지 그곳에서 며칠씩 추위에 떨어야 했다. 기자도 뼛속까지 파고드는 강추위와 배고픔 때문에 아주 미쳐 죽는 줄 알았다.

12월 24일 밤, 남쪽으로 가는 마지막 미군 함정이 흥남부두를 떠났다. 그런데도 여전히 항구에는 끝내 배를 얻어 타지 못한 북쪽 피난민들이 혹시나 있을지 모를 '노아의 방주'를 기다리며 부둣가를 서성이고 있다.

기네스북에 등재된 빅토리아호

흥남부두에서 북쪽 주민 1만 4천 명을 태우고 거제도로 무사히 탈출한 매레디스 빅토리아호가 역사상 가장 많은 사람들을 구조한 배로 기네스북에 올랐다. 이 배의 레너드 선장은 피난민을 실어 나를 책임이 없다며 민간인 탑승을 거부하는 선원들을 설득, 배에 있던 물자와 장비를 버리고 사람들을 실어 나른 것으로 알려졌다. 빅토리아호가 거제도에 도착했을 때는 탑승 인원수가 다섯 명이 늘었다. 항해 중에 다섯 명의 새 생명이 태어난 것이다.

흥남부두 폭파 모습

마지막 배가 항구를 벗어나자 멀리서 대기하던 미군 함정이 부둣가를 향해 함포 사격을 시작했고, 미 전투기는 부두 상공을 선회하며 포탄을 떨어뜨렸다. 미군이 버리고 온 무기와 군 장비를 파괴시키기 위한 흥남부두 철수의 마지막 작전이었다. 포탄이 부두에 떨어질 때마다 마치 불꽃놀이를 하듯 형형색색의 불꽃과 폭발음이 터져 나왔다.

하늘에는 영광 땅에는 평화가 내려야 할 크리스마스이브. 하지만 크리스마스이브의 흥남부두는 영광과 평화 대신 쉴 새 없이 포탄이 퍼부어 대는 지옥 그 자체였다. Ⓗ

전쟁과 사람들

전쟁 속에 피어난 휴머니스트 3인방

전쟁 중에 군인이 명령에 불복하는 건 목숨을 내놓는 행위다. 그럼에도 명령을 어겨 가며 소중한 생명과 민족의 보물을 구한 의인들이 있다. 흥남 철수 작전에서 10만 명의 피난민을 구한 한국의 쉰들러 현봉학, 민족문화유산인 팔만대장경을 폭격으로부터 지켜 낸 김영환, 그리고 초토화 작전을 거부해 해임당한 김익렬이 바로 그들이다. 전쟁 속에 피어난 휴머니스트 3인방을 만나 본다.

십만의 피난민을 구한 한국의 쉰들러

현봉학

현봉학은 세브란스 병원에서 의사로 근무하던 중 한국전쟁을 맞았다. 전쟁이 터지자 그는 망설임없이 군의관의 길로 들어섰다. 그러다가 그는 삼팔선을 넘어 북진하는 미10군단 알몬드 소장의 통역관이 되었다. 미국 유학에서 익힌 영어 실력 덕분이었다.

현봉학은 알몬드 부대를 따라 함경도에 이르렀다. 그러던 1950년 11월, 중공군에 패한 유엔군은 흥남부두에서 군인들을 철수시키기로 했다. 현봉학은 알몬드 소장에게 "주민들을 두고 가면 공산군에 모두 처형될 거"라며 민간인도 데려가 달라고 간청했다. 알몬드 소장은 군인들 목숨도 장담하기 힘든 상황이라며 현봉학의 부탁을 일언지하에 거절했다.

하지만 현봉학은 쉽게 물러서지 않았다. 그가 하도 끈질기게 요청하자 알몬드 소장은 주민 4천 명만 골라 태우라고 지시했다. 그러자 흥남부두에 몰려든 피난민이 서로 배에 태워 달라고 아우성이었다. 그 광경을 지켜본 현봉학은 또다시 알몬드 소장한테 가서 주민들을 배에 더 태워 달라고 사정 또 사정했다. 알몬드 소장은 결국 현봉학의 부탁을 받아들여 무기와 장비를 포기하고 피난민을 태워 가기로 결정했다.

이처럼 현봉학의 헌신적인 노력 덕분에 흥남부두로 몰려든 십만 명의 피난민이 목숨을 건질 수 있었다. 이 일로 해서 현봉학은 제2차 세계대전 중 포로수용소에 있던 유태인을 구한 쉰들러에 비유되곤 한다. 쉰들러가 구한 유태인 수는 천이백여 명인 것으로 알려졌다.

|역사 그 후|

의사에서 의인으로

한국전쟁에서 현봉학은 병을 치료하는 의사로서뿐만 아니라 사람의 목숨을 구한 의인으로 더 큰 역할을 했다. 현봉학은 전쟁이 끝난 뒤 다시 미국으로 건너가 공부를 계속하여 병리학 박사가 되었다. 그 뒤 미국 의과대학에서 교수로 재직하다가 2007년 세상을 떠났다. 그는 생전에 늘 한국전쟁을 회상하며 배에 태웠던 십만 명보다 부두에 남겨진 주민들을 마음 아파하던 진정한 휴머니스트였다.

젊은 시절의 현봉학

김영환

폭격 명령 거부하고 팔만대장경 지켜 낸

김영환 대령이 이끄는 전투기 편대가 북쪽으로 후퇴하는 인민군들을 폭격하기 위해 출동한 건 1951년 8월 중순이었다. 미군 정찰기가 인민군이 숨어 있는 지점을 포착, 김영환 편대장에게 폭격 명령을 내렸다.

"폭격 위치. 합천 해인사 경내, 오버."

김영환 편대의 전투기 네 대가 해인사 상공을 향해 쏜살같이 날아갔다. 전투기에는 해인사를 통째로 날려 버릴 만큼 강력한 포탄이 실려 있었다. 해인사 상공에 도착한 김영환 대령은 웬일인지 그곳에 포탄을 떨어뜨리지 않고, 해인사 주변 산속에 숨어 있는 인민군에게 기관총 사격만 한 채 부대로 돌아갔다.

전쟁 중 명령 불복종은 두말할 필요도 없이 총살감이다. 상황 보고를 받은 이승만 대통령은 김영환 대령을 총살이 아니라 대포로 쏴 죽여야 한다며 노발대발했다. 그날 저녁 미군 조사단이 김영환 대령을 불러 조사했다.

"왜 폭격 명령을 따르지 않았나?"

"미군이 일본을 공습할 때 일본의 천년 수도였던 교토를 폭파하지 않은 것은 그곳에 문화가 있기 때문 아닙니까. 우리에게는 세상 무엇과도 바꿀 수 없는 세계적인 보물이 있습니다. 그게 바로 해인사에 보관되어 있는 팔만대장경입니다."

김영환 대령은 죽음을 각오하고 민족의 유산을 지켜 냈다. 만일 그때 김영환 대령이 해인사에 폭탄을 투하했다면 우리의 민족문화유산인 팔만대장경은 지구상에서 영영 사라졌을 것이다.

| 역사 그 후 |

세계기록유산 팔만대장경

김영환 대령은 1954년 장군으로 진급한 뒤 비행 중 악천후로 순직했다. 그는 비록 저세상으로 갔지만, 그가 목숨을 걸고 지켜 낸 팔만대장경은 그 우수성을 인정받아 2007년 유네스코 세계기록유산에 등재됐다. 그보다 훨씬 전인 1995년엔 팔만대장경을 보관하는 장경각이 유네스코 세계문화유산으로 등재된 바 있다.

전투기에 탑승한 김영환

초토화 작전 명령 거부한 참군인

김익렬

북한군 침략에 맞서 용감무쌍하게 전투를 이끌고 있는 지휘관이 있어 화제다. 주인공은 13연대장으로 한국전쟁에 참전한 김익렬 대령. 그는 전쟁 발발부터 경기도 문산 전투를 비롯해 여러 전투에서 큰 공을 세웠다.

김익렬은 전쟁 이전부터 군인들 사이에서 화제가 됐던 인물이다. 한국전쟁 발발 직전 훈련을 하던 중 추위와 배고픔 때문에 탈영하는 부대원들이 생겨나자, 그는 직접 병사들이 지내는 막사에서 병사들과 함께 먹고 자며 부대꼈다. 그의 이런 솔선수범 덕분에 부대는 곧 전과 같은 안정을 되찾았다.

김익렬이 세상에 더 많이 알려지게 된 건 전쟁 전인 1948년 제주 4·3항쟁 때이다. 당시 그는 제주도에 주둔하고 있던 9연대장이었는데, 4월 3일 제주도에서 좌익 지식인을 중심으로 무장봉기가 일어나자 무장대와 협상을 벌여 사태를 평화적으로 해결하려 노력했다.

하지만 미군정은 김익렬에게 초토화 작전을 명령했다. 그러자 김익렬은 초토화 작전이 죄 없는 주민들까지 희생시킬 가능성이 크다고 여겨 명령을 거부했다. 그 즉시 그는 명령 불복종으로 9연대장에서 해임됐다.

그 일이 있고 난 뒤 제주도에서는 미군정과 이승만 정부에 의해 초토화 작전이 벌어져 제주도 인구의 10분의 1인 3만여 명이 희생되는 참극이 벌어졌다. 김익렬과 무장대 사이의 평화협상이 결실을 맺었다면 피할 수도 있었던 비극이었다.

| 역사 그 후 |

군대 예편 뒤 제주 4·3사건 회고록 집필

한국전쟁에서 큰 공을 세운 김익렬은 1969년 중장으로 예편했다. 1988년 세상을 뜨기 전까지 그는 제주 4·3항쟁의 진실을 알리기 위해 회고록 집필에 몰두했다. 회고록에서 그는 제주 4·3항쟁을 해방 뒤 미군정의 실정과 경찰의 과도한 탄압이 빚은 무장봉기로 규정했다. 그가 남긴 회고록은 제주 4·3항쟁의 진실을 알리는 데 귀중한 자료로 평가받는다.

군복 차림의 늠름한 김익렬

열두 살 소녀의 일기

강원도 원주 치악산 아래에 살고 있는 열두 살 소녀의 일기를 어렵게 입수했다. 소녀의 일기에는 어린아이 특유의 천진함과 전쟁과 가족, 그리고 낯선 군인들의 이야기가 생생하게 실려 있다.

1950년 7월 00일 날씨 무지 더움.

이북에서 온 손님들

지난달부터 우리 마을에 낯선 군인 아저씨들이 보이기 시작했다. 어디서 온 군인이냐고 할아버지께 물어봤더니 이북에서 온 인민군이라고 하셨다. 인민군 아저씨들은 전쟁이 나서 남쪽으로 전쟁을 하러 내려왔다고 한다. 나는 전쟁이란 말 때문에 그 아저씨들이 괜히 무서워졌다.

엊그제는 무서운 인민군 아저씨들이 우리 집에 찾아와 먹을 것을 좀 달라고 했다. 우리도 먹을 게 없었지만 할머니는 인민군 아저씨들에게 밥을 차려 주셨다. 나는 방에서 문을 빼꼼히 열고 인민군 아저씨들을 훔쳐봤다. 아저씨들은 밥을 다 먹더니 할머니께 고맙다고 인사를 했다.

나는 그중 한 아저씨와 눈이 마주쳤다. 아저씨가 나에게 나오라고 손짓을 했다. 나는 덜컥 겁이 났지만, 벌벌 떨며 문을 열고 나갔다. 그런데 그 인민군은 열여덟 살인 우리 큰오빠 나이쯤 돼 보였다. 그 인민군 오빠는 어깨에 두르고 있던 전대를 풀더니 나에게 "손 좀 내보라우."라고 말했다. 그러더니 전대에서 미숫가루를 쏟아 부으며 "먹어 보라우."라고 했다. 나는 인민군 오빠가 준 미숫가루를 먹어 보았다. 설탕이 섞여 있어서 그런지 달달했다.

인민군 오빠를 보니까 6·25전쟁이 터지고 얼마 뒤 갑자기 사라져 버린 큰오빠 생각이 났다. 큰오빠는 대체 어디로 간 걸까? 살아 있다면 어서 빨리 무사히 돌아왔으면 좋겠다.

1951년 1월 00일 날씨 무척 추움.

나만 두고 가면 어떡하라고

너무 슬프다. 큰오빠가 어디로 사라졌는지도 모르는 판국에 아빠와 삼촌, 숙모, 작은오빠가 동란(중공군 참전에 따른 1·4후퇴)을 피해 남쪽으로 피난을 갔기 때문이다. 떠나기 전날 밤 아빠는 "묘연아, 넌 어려서 별일 없을 거야. 할머니 할아버지랑 잘 지내고 있어. 아빠 얼른 돌아올게." 이러셨다. 평소에는 눈에 넣어도 안 아플 우리 외동딸, 이러시더니 피난 가면서 나만 빼놓다니.

나는 너무 무섭고 겁이 나, 아빠한테 매달리며 나도 데려가 달라고 마구 울어 댔다. 하지만 끝내 피난을 같이 가진 못했다.

얼마 뒤 처인들(중공군을 가리키는 말. '차이나 인'에서 처인으로 줄여 일컫는 것으로 보임)이 우리 마을에 들어왔다. 처인들은 좀 이상해 보였다. 외모는 우리와 닮은 듯 다르고, 쓰는 말은 완전 다르고, 군복도 인민군 아저씨들과는 달랐다. 신발은 질긴 식물 뿌리 같은 걸로 짚신처럼 만들어 신고 다녔다.

처인들은 타고 온 말을 산에 매어 놓고, 우리 집에서 큰 가마솥을 빌려다가 콩을 삶아 말한테 먹였다. 그렇게 우리 마을에 며칠 머무르던 처인들은 나팔과 피리를 불며 요란 시끌벅적하게 마을을 떠났다.

그럼 이제 정말 피난 갔던 식구들이 돌아오는 걸까? 어서 빨리 아빠랑 오빠랑 돌아와서 예전처럼 같이 살았으면 좋겠다.

1951년 5월 00일 날씨 따뜻함.

코쟁이 미군이 들어온 날

할아버지랑 집에 있는데 코쟁이 미군들이 우리 집에 들어섰다. 그 사람들은 뭐라고 알아듣지도 못할 말을 몇 마디 하더니 우리 집 초가지붕에 불을 붙였다. 나는 너무 놀란 나머지 집 뒷산으로 도망을 쳤다.

미군은 옆집의 사랑채, 안채, 방앗간, 외양간에도 불을 붙였다. 나는 우리 집이 불에 타는 걸 차마 눈 뜨고 볼 수가 없었다. 그래서 눈을 감았는데, 불길 속에서 우지직 하며 지붕과 기둥이 내려앉는 소리가 들렸다. 할아버지는 문짝 하나라도 건지려고 불이 타고 있는 집에 이리저리 뛰어다녔지만 헛수고였다.

미군은 우리 마을에 처음 나타났을 때부터 소문이 안 좋았다. 옆집 혜숙이 언니가 그러는데, 어느 날 디딜방앗간에서 친구들과 방아를 찧고 있는데, 코쟁이 미군이 나타나더니 색시, 색시, 하면서 언니에게 달려들더라는 것이다. 코쟁이 미군이 처녀만 보면 달려든다는 소문이 마을에 쫙 퍼져서 언니들은 미군을 피해서 살쾡이 골짜기란 곳에 땅굴을 파 놓고 거기 숨어 있었다. 나는 혹시 몰라 언니들과 함께 거기서 며칠 숨어 지냈다.

미군은 인민군과 쳐인들을 물리쳐 준 고마운 군인이라는데, 그런 고마운 미군이 왜 우리 집을 불태운 걸까?(《특종! 20세기 한국사》편집실에서 확인한 결과 혹시라도 공산군이 산골 마을에 나타나 먹을 것을 구할 수 있기 때문에 아예 산골 마을의 집들을 불태워 버린 거라고 함.)

1951년 7월 00일 날씨 더움.

돌아온 우리 식구

드디어 1·4후퇴 때 피난 갔던 식구들이 모두 돌아왔다. 삼촌은 볼살이 뼈에 붙은 것처럼 말라 있었고, 살갗은 시커멓게 변해 있었다. 피난 중에 국군의 물자를 실어 나르는 보급대에 끌려가서 돌림병을 얻어 죽도록 고생하다가 가까스로 살아왔다고 한다.

그리고 얼마 뒤, 사라졌던 큰오빠도 돌아왔다. 나는 반가운 나머지 오빠 품에 와락 안겼다. 그런데 놀랍게도 큰오빠는 어깨에 총을 메고 있었다. 오빠 말로는 학도병에 끌려갔다가 인민군과의 전투에서 죽을 고비를 여러 번 넘기고 겨우 살아남았다고 한다.

두 달 전 우리 집이 불타 버리는 바람에 우리는 산골 마을을 떠나 아랫마을에 터를 잡았다. 그곳에다 아빠와 삼촌, 큰오빠, 작은오빠 모두 땀을 뻘뻘 흘리며 집을 지었다. 나는 할머니를 따라 새 집 짓는 데 구경하러 갔다. 아빠는 땀을 닦으며 말했다.

"이제 유엔군과 인민군이 휴전 회담을 시작했다니까 전쟁이 곧 끝날 거야. 그러면 아빠가 우리 딸 학교에 다시 보내줄게."

나는 오늘 아침까지만 해도 날 버려두고 피난 떠났던 아빠를 미워했는데, 다시 학교에 가게 해 준다는 말에 마음이 좀 풀어졌다. 전쟁이 빨리 끝나서 더 이상 우리 식구가 헤어지는 일 없이 옛날처럼 오순도순 살았으면 좋겠다. 그리고 어서 동무들과 공부도 하고 고무줄놀이도 하는 학교에 갔으면 좋겠다.

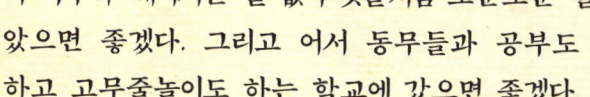

휴전회담 참관기

판문점의 안과 밖 풍경

1951년 여름부터 시작된 휴전 회담이 2년째 이어지고 있다. 회담이 진행되고 있는 판문점은
한국전쟁의 축소판이다. 휴전 회담 안과 밖에서 벌어지고 있는 풍경을 담아 봤다.

거제도 포로수용소 전경

휴전이 질질 늘어지는 까닭

【판문점】1953년 여름 판문점. 이곳 판문점에서 한국전쟁을 끝내기 위한 회담이 2년째 이어져 오고 있다. 유엔군과 공산군 양측은 휴전선을 지금 접전이 벌어지고 있는 삼팔선 인근으로 정하는 데 얼추 합의를 한 것으로 알려졌다.

남은 문제는 포로 교환 방식. 북한과 중국 공산군은 포로를 본국으로 돌려보내는 자동 교환 방식을, 미군은 포로 개개인의 의사에 따른 자유 송환 방식을 고집하고 있는 것으로 알려졌다. 이 때문에 휴전이 지연되고 있는데, 이 문제만 해결되면 2년 넘게 끌었던 지루한 회담도 끝이 날 것으로 보인다.

전쟁을 끝내자는 의견이 처음 나온 건 2년 전인 1951년 여름이다. 전쟁이 시작된 지 정확히 1년이 지난 뒤였다. 전쟁을 시작한 북한은 계속되는 미군의 폭격으로 거의 맛이 갈 지경이었다. 더 이상 전쟁을 지속하기 어렵다고 판단한 김일성은 휴전을 원했고, 중국과 소련은 3차 세계대전으로 확대되는 것을 우려해 이에 응했다. 미국도 수만 명의 미군이 전투에서 사망하는 바람에 휴전에 나설 수밖에 없었다.

휴전 회담장인 판문점은 늘 긴장감이 감돈다. 양측의 기 싸움이

치열하기 때문이다. 휴전선을 어디로 정할지를 놓고 논쟁을 벌이던 지난번 회담 때는 일곱 시간이나 서로 입을 굳게 다물고 불꽃 튀는 눈싸움을 벌인 적도 있다.

판문점 안에서 휴전 회담이 벌어지고 있는 가운데 회담장 밖에서는 한 뼘이라도 더 많은 땅을 차지하기 위해 남과 북이 치열하게 전투를 벌이고 있다. 철원 부근의 백마고지에서는 고지를 차지하기 위해 밤낮없이 전투가 벌어지는 바람에 고지의 주인이 수십 차례나 바뀌는 진풍경이 펼쳐졌다.

지금은 석기 시대

【평양·원산】 휴전 회담에 임하는 미군은 대화와 폭격이라는 2중 전략을 구사하고 있다. 회담에 참여한 미군 측 대표는 "우리의 목표는 북한과 중공군에 최대한 피해를 줘서 우리 쪽으로 유리한 방향으로 협상이 타결될 수 있도록 군사 압박을 가하는 것"이라고 회담 전략을 설명했다.

이런 전략에 따라 미군은 가공할 만한 폭탄을 북한 지역에 쏟아부어 도로와 주택, 공장, 다리 같은 거의 모든 산업 시설을 파괴하고 있는 것으로 알려졌다.

북한 폭격에 참여했던 한 전투기 비행사는 이런 말을 했다.

"우리는 서 있는 건물뿐 아니라 북한 지역에 살아 움직이는 모든 것을 타깃으로 타격을 했어요. 평양의 거의 모든 시설물은 파괴됐으며, 특히 원산은 800일 넘게 이어진 폭격으로 거의 모든 시설물이 땅으로 꺼져 버린 것 같았습니다."

원산폭격의 생생한 모습

북한 지역을 비행기로 둘러본 한 미군은 "그곳은 마치 석기 시대 같았어요. 왜냐하면 남아 있는 시설이 하나도 없었기 때문이죠. 북한은 아마도 앞으로 100년 안에 다시 일어서기 힘들 것입니다."라며 혀를 내둘렀다. 북한의 김일성이 똥줄이 타도록 휴전을 원하는 까닭도 바로 그 때문일 것이다.

통일 아니면 죽음을

【서울·부산】 하지만 휴전 분위기와 달리 대한민국 국민들 정서는 그렇지 않아 보인다. 이승만 정부와 국회를 비롯해 거의 모든 국민이 휴전에 반대하고 있기 때문이다. 서울과 부산 등 대도시에서는 연일 휴전 반대 시위가 벌어지고 있다. 그들은 왜 휴전에 반대하는 것일까. 휴전 반대 시위 현장에서 만난 어느 부상 군인은 흥분하며 이런 말을 했다.

"통일을 하기 위해서 우리가 얼마나 많은 피를 흘렸습니까? 그런데 휴전이라니요. 북진을 해서라도 통일을 마무리해야 합니다. 통일 아니면 죽음을 달라!"

이해는 간다. 하지만 무모한 희생을 낳는 전쟁을 더 이상 지속할 필요가 있을까. 남과 북은 3년 동안 이어진 전쟁에서 죄 없는 민간인이 3백만 넘게 목숨을 잃었다. 그렇게 전쟁을 하고도 서로 얻은 것이 없다.

한편 이승만은 유엔군과 공산군의 회담을 무시하고 거제도에 수용돼 있던 포로 일부를 석방시켰다. 그 포로들은 북한이나 중국으로 돌아가길 원치 않는 이른바 '자유 포로'들이었는데, 그들을 본국이나 제3국으로 돌려보내지 않고 그냥 석방해 버린 것이다. 이 일로 미국 대통령 아이젠하워는 대통령 되고 나서 처음으로 밤에 자다가 벌떡 일어난 것으로 알려졌으며, 영국의 처칠은 이승만을 휴전협정을 파탄시키려는 배신자라고 비난한 것으로 알려졌다.

이런 어려움 속에서도 1953년 7월 현재, 유엔군과 공산군 양측은 협정서에 도장 찍는 일만 남겨 둔 상태다. 과연 이대로 휴전을 하는 게 옳을까, 아니면 희생을 더 치르더라도 끝장을 보는 게 나을까. 참으로 쉽지 않은 문제이다. 아무쪼록 휴전협상 당사들의 현명한 결단을 기대한다. Ⓗ

전쟁이 만든 신조어

원산폭격 미군은 전쟁 시작과 함께 끝날 때까지 860여 일 동안 원산을 폭격한 것으로 알려졌다. 그래서 원산폭격이란 말은 폭격의 대명사로 일컫게 됐다. 머리를 땅에 대고 손을 뒤로 올리고 엎드리는 벌을 원산폭격이라고 하는데, 이 또한 실제 원산폭격에서 나온 것으로 보인다.

골로 간다 말 자체는 산골짜기로 간다는 뜻인데, 아주 그냥 죽는다는 의미로 쓰인다. 양민을 학살할 때 굴비처럼 엮어서 산골짜기로 끌고 간 데서 유래한 말이다. 양민을 학살하는 건 좌우익이 따로 없었다. 양민 학살은 한국전쟁의 잔악한 실상을 보여 주는 결정적인 사례다.

휴전선 긋기
미국의 머레이 대령과 중국의 장춘산 대좌가 휴전선을 긋고 있다.

특별 대담

전쟁이 끝나고 난 뒤

- 1953년 7월 27일 현재, 유엔군과 공산군이 전쟁 3년 만에 휴전협정문에 도장을 찍을 것이 거의 확실시되고 있다. 이에 역사학자와 미래학자를 모시고 한국전쟁의 결과와 앞으로 전개될 남북 상황에 대해 전망을 들어 봤다.

- **대담 장소** 《특종! 20세기 한국사》 편집실 **때** 1953년 7월 27일
  사회 《특종! 20세기 한국사》 편집장 **참석** 미래학자, 역사학자

우리 정부의 초기 대응은 적절했나

사회자 지난 3년간의 전쟁이 우리에게 무엇을 남겼는지, 그리고 앞으로 남과 북에서 어떤 상황이 펼쳐질 것인지 궁금해하는 독자들이 많습니다. 먼저 한국전쟁에 나타난 문제점부터 말씀해 주시죠.

역사학자 저는 우리 정부의 초기 대응 문제를 지적하고 싶습니다. 한마디로 이승만 정부의 대응은 한심하기 짝이 없었습니다. 전쟁 전에는 무력으로 북진통일하자, 이렇게 떠들더니 막상 전쟁이 나니까 대체 뭘 믿고 저런 말을 했을까 싶을 만큼 아무런 대책이 없었습니다. 이승만은 전쟁이 터지자 사흘 만에 서울을 버리고 몰래 탈출했습니다. 수원, 대전, 대구, 다시 대전, 이리, 목포 찍고 부산으로 도망갔습니다. 대통령이 이렇게 우왕좌왕하는 15일 동안 우리 정부는 제 기능을 발휘하지 못하고 속수무책으로 당하고 만 것입니다.

미래학자 전쟁 초기뿐만 아니라 피난지 부산에서도 문제였습니다. 이승만은 피난지 부산에서 일부 국회의원들을 '빨갱이'로 몰아세우며 정치 풍파를 일으켰습니다. 그 결과 자신의 권력을 강화하게 됐는데, 전쟁에 책임을 져야 할 장본인이 외려 전쟁 덕분에 살아난 것입니다.

사회자 그렇다면 한국전쟁의 가장 큰 피해는 무엇이라고 보십니까?

역사학자 앞의 기사에도 잠깐 소개됐지만 엄청난 인명 피해와 국토 파괴겠지요. 아직까지 정확히 집계는 안 되고 있습니다만 국군과 유엔군, 그리고 인민군과 중공군 합쳐서 수백만 명이 전사하거나 부상을 당했습니다. 또한 아무 죄 없는 민간인도 3백만이 넘게 희생되는 아픔을 겪었습니다. 게다가 실종자 5백만 명, 가족과 헤어진 이산가족은 1천만 명이 넘습니다. 전쟁 역사상 이렇게 많은 민간인이 희생된 예가 없을 정도입니다. 국토 파괴는 말할 것도 없습니다. 남북 모두 전쟁 복구를 하려면 수십 년은 걸릴 것으로 예상됩니다.

미래학자 인명 피해와 국토 파괴 못지않게 남과 북 사이에 씻을 수 없는 원한이 쌓인 것도 큰 문제입니다. 이번 전쟁은 사회주의와 자본주의 진영의 이념 전쟁 성격이 짙은데, 좌우익이 '빨갱이'다 '반동'이다 해 가며 서로 죽이는 바람에 둘 사이에 돌이킬 수 없는 원한이 쌓였습니다. 이것은 앞으로 남과 북이 분단을 극복하고 통일을 이야기하는 데 큰 걸림돌로 작용할 것입니다.

한국전쟁의 수혜자는 누구일까

사회자 그렇다면 혹시 이번 전쟁으로 이익을 본 나라는 어디입니까?

역사학자 그건 아무래도 미국과 일본을 들 수 있겠지요. 물론 미국은 유엔군 가운데 가장 많은 군인을 한국전쟁에 보내 수만 명이 희생되는 아픔을 겪었습니다. 우리로서는 미안하고 고마운 일이지요. 하지만 미국은 한국전쟁에서 새로 개발한 무기들을 아낌없이 사용했습니다. 기록에 따르면 제2차 세계대전 때 못지않은 많은 폭탄을 사용함으로써 오히려 자국의 경제 발전에는 큰 보탬이 되었습니다. 무기를 생산하려면 인적 물적 자원이 엄청나게 소요되는데, 그것이 산업 발전에는 큰 기여를 하기 때문입니다.

미래학자 미국보다 더 많은 이익을 본 나라는 바로 일본

입니다. 일본에게 한국전쟁은 그야말로 구세주였습니다. 아시다시피 일본은 몇 년 전 미국한테 원자폭탄 두 방을 얻어맞고 깨갱하지 않았습니까? 그 바람에 국가 경제가 그만 폭삭 주저앉고 말았지요. 그런데 한국에서 전쟁이 나자 그 틈을 비집고 기적같이 부활했습니다. 유엔군 사령부가 한국전쟁에 쓰이는 물자를 거의 다 일본에서 갖다 썼거든요. 일본은 한국전쟁에서 번 돈으로 무너진 경제를 다시 일으켜 세웠습니다. 예측컨대 일본은 앞으로 미국에 이어 제2의 경제 대국으로 성장할 것입니다. 그 밑거름이 한국전쟁이었다고 볼 수 있지요.

역사학자 또 하나 지적할 것은, 일본은 한국전쟁 와중에 또다시 독도를 자기네 땅이라고 우기는 만행을 저질렀습니다. 1905년 러일전쟁 직후에도 독도를 임자 없는 땅이라고 우기더니, 이번 한국전쟁 때 미국과 샌프란시스코 조약을 맺으며 다시 한 번 독도가 한국 땅이 아니고 자기네 땅이라고……

우리 민족 다시 일어설 것

사회자 정말 어처구니가 없다는 말은 이럴 때 써야겠군요. 그렇습니다. 누구 때문에 분단돼서 전쟁까지 하게 됐는데, 그 전쟁에서 돈 벌어 경제 발전을 이룬 것도 모자라 또다시 남의 땅을 넘보다니…….

미래학자 그게 바로 국제사회의 생리입니다. 제가 예측할 때 십여 년 뒤에 베트남도 우리와 똑같이 남북전쟁을 치를 텐데, 우리도 그때 남의 나라 전쟁에 가서 목숨 걸고 돈 벌어 올 겁니다. 남의 불행은 나의 행복이라는 말이 국제사회에서도 버젓이 통용되고 있는 것이지요.

사회자 아무튼 전쟁이 마무리돼서 그나마 다행입니다. 마지막으로 한반도가 앞으로 어떻게 흘러갈지 한 말씀씩 해 주시는 것으로 오늘 대담 마무리하겠습니다.

역사학자 분단으로 전쟁이 일어났고, 전쟁 때문에 분단이 고착화돼 남과 북은 저마다 자본주의와 사회주의 체제를 더욱 강화할 것으로 보입니다. 하지만 이번 전쟁의 상처가 너무나 컸기 때문에, 오히려 다시는 전쟁을 하지 말아야겠다는 생각을 남과 북이 할 것입니다. 그렇다고 하더라도 전쟁이 완전 끝난 것이 아니고, 말 그대로 '휴전'이기 때문에 남과 북 사이에는 늘 군사 충돌의 긴장이 흐를 것입니다.

미래학자 우리 민족은 뛰어난 민족이기 때문에 전쟁의 상처를 극복하고 20세기 내에 세계 10대 경제 대국으로 우뚝 서지 않을까 싶습니다. 아울러 남북관계도 오랫동안 시행착오를 겪겠지만, 끝내는 남북 정상이 만나서 남북 화해와 협력을 모색하지 않을까 기대됩니다.

사회자 바쁘신 와중에도 불구하고 귀한 시간을 내 주신 두 분 학자님께 다시 한 번 깊은 감사를 드립니다. Ⓗ

날이면 날마다 야외 수업

철구네 학교는 오늘도 야외 현장 수업이다. 철구네 학교가 날마다 야외 수업을 하는 까닭은 공기 좋은 데서 아이들 기분 내며 공부하라고 그러는 게 아니다. 어쩌면 새 교실을 짓지 않는 한 전쟁이 끝날 때까지 철구는 오늘도 내일도 날마다 야외 수업을 해야 할지도 모른다.

불타 버린 교실 터에서 수업받는 아이들

마을에서 조금 떨어진 산기슭. 이곳에 철구네 학교가 있다. 학교라고 해 봐야 교실도 없고 책상도 없는 자연 친화적인 숲 속 학교라고나 할까. 철구는 지난해 피난 온 이후 거의 일 년째 이 학교에서 공부를 하고 있다.

부산으로 피난민이 몰려들면서 철구네 학교 같은 야외 학교가 많이 생겼다. 어른들은 난리통이지만 그럴수록 더 배워야 한다며 임시로 학교를 세워 아이들을 가르쳤다. 동네 공회당, 산기슭, 심지어 공동묘지 옆 공터에도 학교를 열었다.

나뭇가지에 칠판이 걸려 있다. 철구네 선생님이 나뭇가지를 꺾어 만든 교편으로 칠판을 가리키며 국어 수업을 하고 있다. 철구는 선생님 말씀을 놓치지 않으려고 칠판을 뚫어져라 쳐다본다. 교과서가 있지만 여러 명이 같이 봐야 한다. 책도 연필도 공책도 모든 게 부족하기만 하다.

"그런데 이상하게 집중은 더 잘 돼요. 난리 전에는 공부하기 싫어서 땡땡이도 많이 쳤는데, 이곳에 피난 와서 학교 다니고부터는 제가 생각해도 정말 열심히 하는 거 같아요."

철구는 중학교에 진학하고 대학교에도 가서 훌륭한 전기 기술자가 되는 게 꿈이다. 철구 엄마 아빠도 어떻게 해서라도 공부를 시켜 주겠다고 말씀했다고 한다.

꿀꿀이죽과 부대찌개

학교를 마친 철구를 따라 철구 집으로 가 보았다. 먼 친척집의 아주 작은 방 한 칸이 철구네 네 식구가 사는 집이다. 그것만 해도 감지덕지다. 지금 부산에는 집이 없는 사람들이 무지 많다. 낙동강변에는 텐트를 치거나, 짚으로 엮어 만든 움집에서 사는 피난민이

대충 지어진 집에 몰려 사는 피난민들

허다하다. 하천가나 산기슭도 마찬가지다. 집 없는 피난민이 까맣게 몰려들어 그곳에 대충 천막을 치고 산다. 신석기 시대 사람들이 해안가나 하천가에 움집을 짓고 모여 살았다는데, 지금 피난지 부산이 꼭 선사 시대 같다.

피난지 부산에는 집도 부족하고 먹을 것도 모자란다. 오로지 사람만 넘쳐 난다. 전쟁이 나면서 부산 인구가 일백만 명이 넘었다니 말 다했다. 그래서 요즘처럼 곡식이 떨어지는 보릿고개 때는 초근목피(풀뿌리와 나무껍질)로 연명하는 사람도 있다.

피난민으로 발 디딜 틈 없는 부산의 한 골목길

철구는 집에 오는 길에 미군 부대 근처를 지나왔다. 철구 또래의 아이들은 미군이 보이면 "기브 미 초콜릿." 하고 미군에게 말을 건다. 영어 실습 하는 거라고 생각하면 오해다. 초콜릿 하나라도 얻어먹기 위해 생계형 영어를 쓰는 것이다. 철구도 그렇게 몇 번 초콜릿을 얻어먹었는데 지금은 그 짓 안 한다.

"언제부턴가 내가 거지같이 느껴졌어요. 그래서 더 이상 초콜릿 구걸을 안 했는데, 그래도 가끔씩은 달콤쌉싸름한 허쉬 초콜릿이 그리울 때가 있어요."

철구네 집에서는 가끔 꿀꿀이죽을 먹을 때가 있다. 꿀꿀이죽이란 미군 부대에서 나오는 음식 찌꺼기를 가져다가 물을 넣어 끓여 먹는 음식을 말한다. 철구는 처음엔 느끼해서 꿀꿀이죽을 못 먹었는데, 쑥과 나물만 넣고 멀겋게 끓인 죽을 사흘째 먹고 난 뒤부터 꿀꿀이죽이 맛있어졌다. 운이 좋은 날은 햄이나 소시지 덩어리가 통째로 나올 때가 있어서 그것에 야채와 콩을 넣고 찌개를 끓여 먹기도 한다. 철구네 식구는 그 음식을 미군 부대에서 나왔다고 해서 부대찌개라고 이른다.

미군한테 초콜릿을 얻어먹는 아이들

길가에서 과일 파는 사람들

그래도 삶은 계속된다

철구네 식구는 모두 넷이다. 엄마, 아빠, 누나, 철구. 아빠는 부두에서 짐을 나르는 날품팔이 노동자이고, 엄마는 피난을 오다가 포탄 파편을 맞아 집에 누워 계신다.

그래서 철구네 집에선 누나가 주로 돈을 많이 번다. 누나가 번 돈으로 철구가 학교를 다니고 쌀도 사 먹는다. 아빠도 일을 하지만 워낙 일하겠다고 몰려든 사람이 많아서 공치는 날이 많다고 한다.

철구 누나는 처음에는 실을 잣는 방직공장을 다녔다. 아는 분이 있어서 운 좋게 공장에 취직을 한 거다. 그런데 얼마 전 누나가 공장을 그만두었다. 공장에서 일하는 노동자들이 임금 차별과 고된 일 때문에 파업을 했다가 많은 사람들이 해고를 당했다. 그때 철구 누나도 공장에서 쫓겨났다. 철구 누나는 그 뒤 집에서 며칠을 쉬다가 집에 쌀이 바닥나자 이튿날 새 일자리를 찾아 나섰다.

"누나가 공장을 다닐 때는 해가 뜨는 아침에 출근을 했는데, 카페에 다니는 지금은 해가 지는 오후에 출근을 해요. 그런데 하루 종일 공장에서 일할 때보다 돈은 더 많이 번대요. 누나가 그랬어요. 누나가 어떻게 해서든 공부시켜 줄 테니 딴 생각 말고 열심히 공부만 하라고……."

피난지 부산의 거리 풍경

피난지에는 임시 학교도 있고, 움집도 있고, 시장도 있다. 마찬가지로 술집도 있고, 댄스홀도 있고, 고급 요릿집도 있다. 전쟁 중이나 평시나 사람 사는 건 다 똑같다. 철구는 어제처럼 내일도 야외 학교에서 공부를 하고, 가끔 꿀꿀이죽을 먹고, 누나가 사다 주는 젤리 캔디를 먹을 것이다. 피난지의 삶이 아무리 힘들어도 철구네 식구의 삶은 계속될 것이다. Ⓗ

특파원리포트

BY AIR MAIL

세계는 지금

대한민국이 해방 정국의 소용돌이와 지난한 전쟁을 치르고 있는 가운데, 제2차 세계대전을 끝낸 여러 나라들도 극심한 전쟁 후유증을 앓고 있다. 프랑스에서 벌어지고 있는 나치 협력자 처벌, 전쟁에 패한 독일의 분단, 그리고 중화인민공화국 건국 소식까지 현지에 나가 있는 특파원으로부터 생생한 목소리를 들어 본다.

PARIS
FRANCE
1944

BERLIN
GERMAN
1945

BEIJING
CHINA
1949

프랑스, 나치 협력자 처벌 '엄격'

파리를 되찾은 프랑스 정부가 독일군 점령 당시 나치(독일의 히틀러 무리)에 협력한 프랑스인에 대해 매서운 회초리를 집어 들었다. 프랑스의 나치 협력자처벌은 친일파 청산이 절실한 우리에게 커다란 본보기가 될 듯싶다.

【프. 나치 협력자 처벌 vs 한. 친일파 청산 실패】 독일군 점령 당시 영국에서 프랑스 망명 정부를 이끌었던 드골은 1944년 8월 파리로 돌아온 직후 가장 먼저 나치 협력자 처벌을 강조하고 나섰다. 나치 협력자란 우리나라의 친일파처럼, 독일군에 협력한 프랑스인을 말한다. 드골은 나치 협력자들에 대해 "저항하지 못했다면 침묵이라도 했어야 했다."며 "이들을 그냥 두는 것은 국가의 암을 그대로 두는 것"이라고 말했다.

지금까지 나치 협력자로 밝혀져 처형된 사람만 7백여 명. 이에 대해 파리의 개선문 앞에서 만난 한 젊은이는 "인간적으로는 안된 일이지만 앞으로의 역사를 위해 꼭 필요한 일"이라고 말했다.

프랑스와 달리 이승만 정부는 친일파 청산에 미적지근한 태도를 보여 뚜렷한 대조를 이루고 있다. 이승만 정부는 정부 수립 후 친일파 청산에 커다란 의지를 보이지 않을 뿐만 아니라, 국회가 반민족행위자처벌 특별위원회를 만들어 친일파 청산에 나서자 온갖 꼬투리를 잡아 방해를 했다.

뉘른베르크 전범 재판정

【뉘른베르크 재판 vs 도쿄 재판】 프랑스가 나치 협력자 청산에 나서는 것과 별도로 국제사회도 전쟁 범죄자 처벌에 발 벗고 나섰다. 제2차 세계대전에 승리한 영국과 미국, 프랑스, 소련 등의 연합국은

전쟁 범죄자 처벌을 위한 국제재판을 열어 독일과 일본의 전범 처벌에 나섰다. 1945년 독일 뉘른베르크에서 열린 재판에서 연합국은 독일의 전쟁 범죄자 12명을 사형에, 3명은 종신형에 처했다. 히틀러도 살아 있다면 마땅히 사형에 처해졌겠지만, 전쟁에 지고 자살하는 바람에 그러지 못했다.

반면, 미국 주도로 일본에서 열린 도쿄 재판에서는 전쟁 범죄 1호인 히로히토 일왕이 처벌 대상에서 제외되고, A급 전쟁 범죄자 7명만을 사형시키는 데 그쳐 솜방망이 재판이라는 비난을 사고 있다. 나머지 전범들도 시간이 좀 지나 모두 풀려나 미국과 일본에 대한 비난이 거센 상황이다.

【독일, 나치 청산 vs 일본, 전범 면죄부】 한편 전쟁 가해자였던 독일은 뉘른베르크 국제재판에서 전범들이 사형과 종신형을 선고받은 것과는 별도로 자기들 스스로 나치 청산에 나서고 있다. 독일의 한 고위 관리는 "나치주의자나 나치에 협력한 사람은 기한을 정하지 않고 지구 끝까지 쫓아가 처벌할 것"이라고 말했다.

반면 일본은 전쟁 범죄자들이 뻔뻔하게 정치와 경제 요직에 두루 진출하고 있는 것으로 알려져 국제사회의 비난을 받고 있다. A급 전범 가운데 한 인간은 수상까지 지냄으로써 일본의 침략을 받았던 한국과 중국, 대만, 필리핀, 베트남 민중의 공분을 사고 있다. 친일파 청산을 제대로 하지 못한 우리도 큰소리칠 일이 아니지만, 과거를 반성하지 않는 일본은 도대체 양심을 후쿠시마 앞바다에 던져 버린 게 아닌지 의심스럽다.

전쟁 범죄 1호 히로히토

제2차 세계대전 패전국 독일, 동서로 분단

제2차 세계대전에 패한 독일이 끝내 분단됐다.
전쟁 가해자이자 패전국으로서 국제사회로부터 벌을 받은 셈이다.
동서 분단의 최전선인 베를린에서 특파원이 소식을 전해 왔다.

연합국 4개국이 독일 통치

【독일 베를린】 동서로 분단된 베를린의 분위기는 독일의 겨울 날씨만큼이나 우중충하다. 분단이 독일 국민들의 마음을 우울하게 만들어서 그런가 보다. 그렇다면 독일은 왜 동서로 분단된 것일까. 독일 분단 작업에 참여했던 연합국의 영국 측 대표는 그 까닭을 다음과 같이 설명했다.

"두 번씩이나 세계대전을 일으킨 독일을 그냥 두었다가는 언제 또다시 전쟁을 일으킬지 모른다는 불안감이 생겼습니다. 그래서 우리 연합국은 독일을 아예 갈라놓기로 한 것입니다."

이 같은 연합국의 결정에 따라 1945년 독일은 동서로 분단됐고, 1949년 서독에는 자유주의 체제인 독일연방공화국이, 동독에는 사회주의 국가인 독일민주공화국이 수립됐다. 여기까지는 해방 후 미국과 소련에 의해 남북으로 분단된 우리와 사정이 비슷하다.

하지만 독일과 우리가 다른 점은 우리는 분단된 지 5년 만에 동족끼리 전쟁을 치렀고, 독일은 동독과 서독 사이에 전쟁을 치르지 않았다. 이 점은 매우 중요한데, 동족 간 전쟁을 치르지 않은 독일은 분단을 극복하고 통일을 앞당기는 데 우리보다 훨씬 유리할 것으로 보인다.

베를린 장벽으로 몰려든 사람들

분단의 최전선, 베를린

독일 분단에서 뜨거운 감자는 베를린 문제였다. 왜 그럴까? 연합국은 독일을 동독과 서독으로 나누면서 서독은 미국·영국·프랑스가, 동독은 소련이 영향력을 행사하기로 했다. 그런데 문제는 소련의 통치 지역인 동독에 독일의 수도 베를린이 포함돼 있었다.

미국·영국·프랑스 등 서방 연합국 측은 독일의 수도라는 상징성 때문에 베를린을 결코 포기할 수 없었다. 그래서 동독 안에 있는 베를린을 4개국이 공동으로 통치하자고 소련에 제안했다. 이에 따라 베를린은 자유 진영의 서베를린과 사회주의 진영의 동베를린으로 나뉘게 되었다.

그런데 문제는 동베를린에 사는 독일인들이 자유를 찾아 서베를린으로 건너오면서부터 생겨났다. 동베를린 사람들이 서베를린으로 자꾸 넘어가자 소련은 서베를린 전체를 에워싸는 철조망을 설치했다. 이로써 자유 진영의 서베를린은 동독이라는 독 안에 갇힌 쥐 꼴이 됐다.

독일의 분단이 언제까지 이어질지 그 시기를 예측하기는 어렵다. 하지만 독일이 통일을 이룬다면 통일의 물꼬가 터지는 시작 지점은 바로 분단의 최전선인 베를린이 될 것이 확실해 보인다.

|역사 그 후|

분단의 상징, 베를린 장벽

자유를 찾아 동베를린에서 서베를린으로 넘어가는 사람들이 늘어나자 1961년 동독은 철조망을 걷어치우고 다시 콘크리트 장벽을 쌓았다. 베를린 장벽은 우리의 휴전선처럼 독일 분단의 상징이 돼 왔다. 베를린 장벽이 무너진 건 동서 분단 44년 만인 1989년. 그로부터 1년 뒤 독일은 통일을 이뤘다.

중국, 중화인민공화국을 선포하다

중국 대륙에 중화인민공화국이 수립됐다. 수천 년간 황제의 나라였던 중국이 인민이 주인인 공화국으로 탈바꿈한 것이다. 새롭게 들어선 중화인민공화국의 간략한 발자취와 전망을 살펴본다.

중화인민공화국을 선포하는 모택동

【중국 북경】 1949년 10월 1일 중국 공산당이 북경 천안문 광장에서 중화인민공화국을 선포했다. 중화인민공화국 수립 과정은 험난했다. 1백 년 전인 1800년대 중반 중국 청나라는 영국과 전쟁을 벌여 두 번 다 패했다. 그래서 세상의 중심은 중국이며 지구가 자기네 나라를 중심으로 돈다고 착각해 왔던 중국은 자존심이 크게 상했다. 힘을 잃은 청나라는 빠르게 영국, 프랑스, 독일 등 서구 열강의 반식민지로 전락했다.

이윽고 청나라 내부에서 개혁 운동이 일어났지만, 별다른 성과를 거두지 못했다. 그러다가 1912년 개혁 운동가 손문이 국민당을 창당해 중화민국을 수립했다. 이로 말미암아 청 제국은 역사 속으로 사라지고 새로운 중국의 시대가 열렸다.

이런 와중에 1920년대 초 중국에도 소련의 영향으로 사회주의 사상이 전파돼 중국 공산당이 창당됐다. 이때부터 중국은 국민당과 공산당이 치열하게 경쟁(이라기보다는 사생결단의 싸움)을 전개하기 시작했다. 두 세력의 싸움에서 중국 공산당이 승리해 오늘날 사회주의 국가인 중화인민공화국이 탄생한 것이다.

그렇다면 모든 면에서 열악하기 그지없던 중국 공산당은 어떻게 해서 그 막강한 국민당 부대를 꺾을 수 있었을까. 모택동이 이끄는 중국 공산군의 놀라운 활약상을 살펴본다.

홍군 장정기념관

18개 산맥 넘은 대장정

내전 초기에는 장개석이 이끄는 국민당이 공산당을 토벌하는 형세였다. 같은 중국 사람인데 장개석이 하도 공산당을 탄압하자 모택동은 1934년부터 1935년까지, 간빙기 때 원시인들이 얼어붙은 북극해를 건너 아메리카 대륙으로 이동한 이후 가장 긴 행군을 시작했다. 이것이 이른바 대장정이다.

모택동이 이끄는 공산군(홍군)은 장시 성을 출발, 18개의 산맥을 넘고, 24개의 강을 건너, 1만 킬로미터가 넘는 거리를 걸어 마침내 산시 성에 도착했다. 대장정을 하는 동안 국민당 군대의 폭격과 추격을 물리치면서 말이다. 산시 성에 도착했을 때 공산군의 수는 출발할 때의 10분의 1밖에 남아 있지 않았다. 하지만 대장정 이후 모택동은 농민들을 공산혁명의 원동력으로 삼아 국민당 군과 수차례 전투를 치러 끝내 1949년 국민당 군대를 대만으로 몰아냈다.

중국 공산당은 국민당과 내전을 치르는 한편으로 중국을 침략한 일본군과도 전쟁을 치렀다. 모택동은 국민당과 일본군 둘을 상대로 모두 승리함으로써 마침내 중화인민공화국을 수립할 수 있었다.

한편, 장개석과 국민당이 내전에 패해 대만으로 쫓겨 감에 따라 앞으로 중국 대륙과 대만의 양안 관계는 우리의 남북 관계처럼 오랫동안 갈등과 대립 관계가 이어질 것으로 보인다.

중화인민공화국 건국의 아버지 모택동

모택동은 "높이를 잴 수만 있다면 인간이 못 넘을 장벽이 없다."는 신념으로 대장정을 성공시켰다. 그는 또 공산당과 인민의 관계는 물고기와 물의 관계처럼 필연적인 관계라는 것을 강조했는데, 공산당 부대가 농민들에게 민폐를 끼치지 못하도록 엄격하게 군율을 유지해 농민들의 높은 지지를 받은 것으로 알려졌다. 그의 아들 모안영은 한국 전쟁에 중공군으로 참전했다가 전사했다고 한다.

장개석과 모택동

20세기 문화와 생활

20세기 생활 문화의 현장으로!

해방 후 한반도는 좌우 갈등의 몸살을 심하게 앓았다. 이런 현상은 문화 예술계에도 그대로 나타났다. 하지만 이런 혼란 속에서도 예술의 꽃은 아름답게 피어났다. 해방과 전쟁 시대의 문화 예술을 소개한다.

Publication

Music

Art

해방 이후 시인과 소설가들이 문학을 통해 일제 식민지 잔재를 청산하고 새 나라 건설에 협조하기 위해 노력하고 있다. 해방 공간의 화제작을 만나 본다.

문학계 동향

화제의 신간 《청록집》

《청록집》

자연주의 시인 3인방이 펴낸 공동 시집 《청록집》이 장안의 화제다. 시집에 참여한 작가는 조지훈, 박두진, 박목월로, 〈향수〉의 작가 정지용의 추천으로 문단에 데뷔한 시인들이다. "강나루 건너서/밀밭 길을/구름에 달 가듯이/가는 나그네" 〈나그네〉라는 시를 통해 향토적 서정을 노래한 박목월, "얇은 사 하이얀 고깔은/고이 접어서 나빌레라" 〈승무〉처럼 민족 전통의 향수를 담은 조지훈, "해야 솟아라/해야 솟아라/말갛게 씻은 얼굴 고운 해야 솟아라" 〈해〉를 통해 자연과 인간의 이상적인 조화를 노래한 박두진 등, 이들 청록파 3인방은 이념의 홍수 속에서 서정성을 극대화하는 작품으로 독자들의 꾸준한 사랑을 받고 있다. 1946년, 을유문화사 출간.

베스트셀러 《하늘과 바람과 별과 시》

> 죽는 날까지 하늘을 우러러
> 한 점 부끄럼 없기를
> 잎새에 이는 바람에도 나는 괴로워했다
> 별을 노래하는 마음으로
> 모든 죽어가는 것을 사랑해야지
> 그리고 나한테 주어진 길을 걸어가야겠다
> 오늘밤에도 별이 바람에 스치운다
> 윤동주 〈서시〉

이 짧은 시 한편이 서울 장안을 시의 바다로 만들었다. 시를 쓴 주인공은 1945년 2월 일본 후쿠오카 형무소에서 27세의 나이로 사망한 윤동주. 윤동주가 죽은 지 3년 만에 나온 《하늘과 바람과 별과 시》라는 시집에는 〈서시〉 외에 〈자화상〉 〈별 헤는 밤〉 등 서정성 짙은 시들이 많이 수록돼 있다. 특히 〈서시〉는 독자들이 때와 장소를 가리지 않고 좔좔 외고 다닐 만큼 그 인기가 대단하다. 1948년, 정음사 출간.

《하늘과 바람과 별과 시》

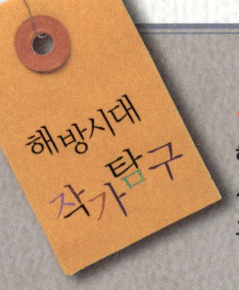

해방시대 작가탐구

시 지용, 소설 태준

해방 공간에서 작가 두 사람이 주목받고 있다. 민족주의 작품을 주로 쓰다가 월북한 시인 정지용과 순수문학에서 사회주의 계열의 작품으로 돌아선 소설가 이태준이 그 주인공이다.

현대시의 아버지 정지용

일제강점기 때 우리 문단에서 '시 지용, 소설 태준'이라는 말이 나왔다. 시에는 정지용이 최고요, 소설은 이태준이 으뜸이라는 말이다. 믿기 어렵다면 다음 시를 보자.

> 넓은 벌 동쪽 끝으로
> 옛이야기 지줄대는 실개천이 휘돌아 나가고
> 얼룩백이 황소가
> 해설피 금빛 게으른 울음을 우는 곳
> 그곳이 차마 꿈엔들 잊힐 리야
>
> — 향수

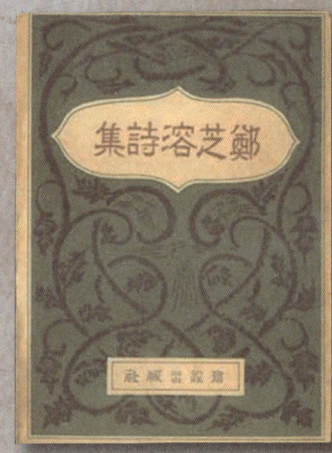

《정지용 시집》

이토록 아름다운 시를 쓴 시인이 바로 정지용이다. 정지용은 〈향수〉를 1927년에 발표했는데, 〈향수〉 말고도 〈석류〉같이 우리 민족의 고유한 정서를 아름다운 언어로 노래한 시가 무수히 많다. 그래서 그는 한국 현대시의 새로운 경지를 개척했다는 평가를 받는다. 하지만 정지용도 혼란스러운 정치 회오리에 휘말려 한국전쟁 중 인민군이 북으로 후퇴할 때 끌려갔다. 그가 스스로 월북했는지, 납북됐는지에 대해서는 의견이 엇갈린다. 중요한 건 그 때문에 '정지용'이라는 이름은 남한 사회에서 금기시됐다는 사실이다.

《이태준 단편집》

월북 작가 상허 이태준

이태준이 월북한 건 해방 1년 뒤인 1946년. 월북 전 이태준은 사회주의 계열 작품보다는 주로 순수문학에 가까운 작품을 써 왔다. 〈달밤〉, 〈가마귀〉 같은 단편 소설을 보면 우리 민족의 토속적인 생활상이 오롯이 드러나 있다.

그랬던 그가 사상적 변화를 겪은 건 해방 이후. 해방 뒤 쓴 소설 〈해방 전후〉에서 이태준은 주인공을 통해 작가 자신의 변화된 사상을 간접적으로 보여 주었다. 월북 이후 발표한 〈농토〉라는 소설은 예술이 인민을 위해 존재해야 한다는 사회주의 예술관을 잘 보여 주는 작품이다. 〈농토〉는 토지개혁 과정에서 사회 현실에 눈 뜬 농민의 모습을 사실적으로 그리고 있다.

그는 《문장 강화》라는 글쓰기 교본을 쓸 만큼 문장을 갈고 다듬는 데 심혈을 기울인 작가로도 유명하다. 하지만 그의 뛰어난 작품활동에도 불구하고, '이태준'이란 이름은 남한 사회에서 금기어 목록에 오를 것으로 보인다.

새 시대 새 음악

해방 뒤 음악가들은 문학계와 마찬가지로 식민지 잔재를 청산하려는 노력을 활발히 전개했다. 해방 공간과 전쟁 속에서 피어난 아름다운 선율을 만나 본다.

올라가고 내려온 음악가

윤용하 가곡집

북으로 올라간 음악가와 남으로 내려온 음악가가 문화 예술계에서 주목을 받고 있다. 김순남은 해방 뒤 〈해방의 노래〉, 〈인민 항쟁가〉 같은 해방 가요를 작곡했다. 그러던 중 1947년 미군정이 〈인민 항쟁가〉 같은 과격한 노래를 만들었다는 이유로 체포하려 하자 곧바로 월북해 버렸다. 대표적인 월북 작곡가 김순남은 현대음악 기법을 전통음악과 결합한 가곡 〈산유화〉를 작곡하여 세계적인 음악가 반열에 올랐다.

대표적인 월남 음악가로는 김동진과 윤용하가 있다. 김동진은 가곡 〈가고파〉를 작곡했고, 윤용하는 〈보리밭〉을 작곡한 음악가이다. 음악계에서 좌우 대립은 1948년 대한민국 정부 수립 이후 일단락 된 듯하다. 좌익 음악가 중에 숨을 사람은 숨고, 북으로 올라갈 사람은 올라갔기 때문이다.

안익태의 〈애국가〉 논란

안익태 일본 도쿄 연주회 포스터

안익태 작곡의 〈애국가〉가 여러 논란에 휩싸였다. 첫 번째는 표절 논란이다. 안익태가 1935년 작곡한 것으로 알려진 〈애국가〉는 불가리아 민요의 선율과 매우 흡사한 것으로 밝혀졌다. 두 번째는 친일 논란이다. 세계적인 지휘자로 평가받는 안익태는 일제강점기 만주에서 일제를 위해 곡을 작곡하고 지휘한 경험이 있는 것으로 알려졌다.

그래서 이런 친일 논란이 있는 음악가가 작곡을 한 〈애국가〉를 대한민국 공식 국가로 정하는 것이 부당하다는 지적이 많다. 이런저런 논란에도 불구하고, 1948년 정부 수립 때 국가로 불리면서 안익태가 작곡한 〈애국가〉는 대한민국 국가로 자리 잡을 전망이다. 이에 대해 한 음악 평론가는 "물론 관습적으로는 국가로 볼 수 있겠지만 엄밀히 말하면 공식적인 국가로 볼 수 없다."고 말했다.

대한민국 동요와 대중가요 차트

시대는 노래를 만들고 노래는 시대를 담는다. 해방의 기쁨과 전쟁의 아픔을 노래한 노래들 중에서 애국 동요 베스트 3과 해방과 전쟁 가요 베스트 3을 꼽았다.

남인수 애창곡집

애국 동요 베스트 3

1위 〈새 나라의 어린이〉
"새 나라의 어린이는 일찍 일어납니다. 잠꾸러기 없는 나라 우리나라 좋은 나라." 이 곡은 "따르릉 따르릉 비켜나세요"로 시작하는 〈자전거〉를 작곡한 김대현이 1945년 작곡했다. 최근 해방을 맞은 어린이들의 기쁨을 담은 노래로 큰 인기를 끌고 있다.

2위 〈학교 종〉
"학교 종이 땡땡땡 어서 모이자 선생님이 우리를 기다리신다." 미국에서 유학한 김메리가 1945년 만든 곡. 설렘을 안고 국민학교(초등학교)에 입학하는 모습을 떠올리며 만들었다는데, 일본식 장단과 선율로 만들어졌다는 지적을 받고 있다.

3위 〈우리의 소원〉
"우리의 소원은 통일 꿈에도 소원은 통일 이 정성 다해서 통일 통일을 이루자." 원래 이 곡의 가사는 통일이 아니라 독립이었다. 그런데 정부 수립 이후 국민학교 교과서에 이 곡이 실리면서 통일로 바뀌었다. 독립은 했으니 이제 통일을 이뤄야 한다는 바람으로.

해방과 전쟁 가요 베스트 3

1위 〈가거라 삼팔선〉
대중 가수 남인수가 부른 〈가거라 삼팔선〉이 폭풍 인기를 끌고 있다. "아 산이 막혀 못 오시나요 아 물이 막혀 못 오시나요"로 시작하는 이 노래는 삼팔선 때문에 오도 가도 못 하는 실향민들의 원한을 아주 그냥 꼭 집어서 대변해 주고 있다. 1946년 가요 순위 정상.

2위 〈전우야 잘 자라〉
"전우의 시체를 넘고 넘어 앞으로 앞으로 낙동강아 잘 있거라 우리는 전진한다."로 시작하는 행진곡 풍의 이 가요는 국군이 북으로 진군할 때 주제가로 불렸는데, 〈신라의 달밤〉을 불러 앙코르를 무려 아홉 번이나 받은 것으로 유명한 현인이 불러서 일반 국민들한테 더 큰 인기를 얻고 있다. 1950년 전쟁 가요 순위 1.

3위 〈굳세어라 금순아〉
"눈보라가 휘날리는 바람 찬 흥남부두에 목을 놓아 불러 봤다 찾아를 봤다 금순아 어데를 가고 길을 잃고 헤매이느냐 피눈물을 흘리면서 1·4 이후 나 홀로 왔다." 1·4후퇴 때 혈육과 헤어진 아픔을 노래하고 있는 이 노래는 리듬, 가사, 멜로디가 뛰어나 전쟁 가요의 백미로 평가 받고 있다. 1951년 전쟁 가요 50주 연속 1위.

해방 후 한국 미술계는 일제 식민지 청산과 민족 미술 건립이라는 두 가지 숙제를 안고 씨름했다. 이런 혼란 속에서 세계에 내놓아도 흠 잡을 데 없는 뛰어난 작품이 탄생했다.

그림 속 일제 잔재 지우기

미술계가 일제의 잔재를 없애기 위해 애쓰고 있다. 어둡고 불투명한 일본식 색채를 걷어내고, 한국인의 생리에 맞는 명랑하고 선명한 색채를 과감하게 도입하고 있다. 이 같은 결실을 보여 주는 화가로 남관과 이인성을 들 수 있다. 경북 청송 출신의 남관은 마치 동굴 벽화에 그려진 원시인의 사냥 그림이나 중국의 상형 문자 같은 추상적인 그림을 세련된 색채로 표현해 화단의 주목을 받고 있다.

한국의 고갱이라 일컬어지는 이인성은 강렬한 색채를 사용해 신선하다는 평가를 받고 있다. 그가 주로 사용하는 색채는 황토색인데, 이인성은 황토색을 통해 한국인의 원초적인 생명력을 표현하고 있다. 1935년 조선미술전람회에서 최고상을 받은 〈경주의 산곡에서〉는 마치 고갱의 작품을 보는 듯한 강렬한 색채미가 돋보인다.

〈경주의 산곡에서〉, 이인성

대한민국미술전람회 창설

이인성은 해방 이전부터 천재 화가로 두각을 나타냈다. 18세 때인 1929년 조선미술전람회에 스승과 함께 동반 출품해 최연소 입선이라는 기록을 세우는가 하면, 그 뒤로 10회부터는 연속 6회 특선이라는 영예를 차지했다. 이러한 성과로 이인성은 해방 뒤 시작된 대한민국미술전람회(국전) 심사위원으로 위촉되기도 했다.

하지만 천재화가 이인성은 안타깝게도 뜻하지 않은 사고로 유명을 달리했다. 한국전쟁 중이던 1950년 밤늦게 집으로 돌아가다가 경찰관과 사소한 시비 끝에 경찰관이 쏜 총에 맞아 죽은 것이다.

이인성

작가를 찾아서

한국의 고흐와 밀레는 어디서 무얼 할까?

한국의 고흐와 한국의 밀레로 일컬어지는 이중섭과 박수근. 전쟁이 터져 세상이 어수선한데, 한국을 대표하는 두 화가는 어디서 무얼 하고 있을까. 나는 알지롱~.

서귀포 앞바다에서 게 잡아먹고 있지

바닷물이 철썩이는 서귀포 앞바다 자구리 해안. 키가 껑충한 중년 사내와 열 살 남짓한 두 사내아이가 게를 잡고 있는 모습이 마치 한 폭의 풍경화 같다. 그 주인공은 다름 아닌 화가 이중섭과 그의 자녀들이다. 이중섭은 1·4후퇴 때 북한에서 배를 타고 대한민국 최남단 제주도까지 흘러 들어왔다.

"여기는 총소리가 들리지 않아서 좋아요. 식구가 모두 함께 있으니 더 좋고요."
피난 생활이 어떠냐는 기자의 질문에 이중섭이 흐뭇하게 웃으며 대답했다.
1951년 현재 이중섭 가족은 서귀포 앞바다가 내려다보이는 솔동산에서 송 아무개 이장 집 방 한 칸을 빌어 살고 있다. 낮에는 이렇듯 바닷가에 나와 생계형 게 잡이를 하고, 가끔씩 그림을 그리며 지낸다.
이중섭이 살고 있는 집 마당에서 바라본 서귀포 앞바다 풍경이 예술이다. 네 사람이 함께 생활하기에는 너무나 비좁아 보이는 그의 방 벽엔 섶섬이 보이는 풍경, 아이들이 물고기와 놀고 있는 수채화 등 그의 일상처럼 행복해 보이는 그림들이 걸려 있다.
예민한 감수성, 꿈틀거리는 선과 강렬한 색채로 한국의 고흐로 일컬어지는 이중섭. 피난지 서귀포에서의 이중섭은 그의 생애 중 가장 행복한 때였다고 회고할 만큼 무지 행복해 보였다.

이중섭

미군 초상화 그려 주며 살지

"가난한 사람들의 어진 마음을 그리고 싶어요."
언젠가 화가 박수근이 했던 말로 기억한다. 그의 바람 때문일까. 그의 그림에는 정말 가난해 보이는 사람들이 주인공으로 등장한다. 절구질하는 여인, 광주리를 이고 가는 여인, 빨래터에서 빨래하는 여인, 아기 업은 소녀 등이 화강암처럼 투박해 보이는 그의 화폭 속에 소박하게 담겨 있다.
서민의 화가로 일컬어지는 국민화가 박수근. 그가 지금 남쪽으로 피난 내려와 미군들 대상으로 물건을 파는 PX(신세계백화점 자리)에서 미군들 초상화를 그려 주며 생계를 유지하고 있다. 아내와 자식들을 먹여 살리기엔 부족하지만 그래도 행복하다고 한다.
4B 연필로 한 미군의 초상화를 쓱쓱 그리던 박수근은 "초상화 그리는 알바 덕분에 돈을 조금 모았다."며 "이제부턴 이런 초상화 말고 진짜 내 그림을 그리고 싶다."고 말했다. 일하는 사람들의 소박한 일상을 그려서 한국의 밀레로도 일컬어지는 박수근. 어서 그의 바람대로 가난한 이웃의 어진 마음을 담은 그림을 그렸으면 좋겠다.

박수근 조각상

133

화제의 연극과 영화

해방 후 연극계에서 가장 활발하게 활동한 희곡 작가는 유치진,
가장 인기를 끈 연극은 오영진의 〈맹진사댁 경사〉이다.
해방 후 최고 흥행 영화는 어린이 영화 〈똘똘이의 모험〉이 차지했다.

민족주의 연극 주도한 유치진

동양의 나폴리라 일컬어지는 통영은 빼어난 예술가를 많이 배출한 곳으로 이름이 높다. 시인 김춘수, 음악가 윤이상, 소설가 박경리, 화가 전혁림 등이 모두 통영 출신이다. 또한 여기에 유치진, 유치환 형제를 빼놓을 수 없다. 유치진은 희곡 작가요, 유치환은 시인이다.

일제강점기 유치진은 극예술연구회를 창립해 일제 수탈에 허덕이는 가난한 농민의 삶을 다룬 연극을 많이 무대에 올렸다. 그 바람에 일제의 탄압을 받아 연구회가 해체되기도 했다. 그 때문인지는 모르나, 일제 말 유치진은 조선총독부의 지시를 받아들여 일본 군국주의를 홍보하는 연극을 공연했다.

이 일로 친일 논란에 휩싸였던 유치진은 해방 뒤, 잠시 작품 활동을 쉬다가 좌익 계열의 연극이 연극계를 좌지우지하자 이에 대응해 〈자명고〉, 〈원술랑〉처럼 민족주의 색채가 짙은 연극을 무대에 올렸다. 해방 뒤부터 줄곧 민족주의 연극계의 중심으로 활동해 온 유치진은 1950년부터 초대 국립극장장으로서 우리나라 연극계를 이끌었다.

유치진

최고 인기 연극 〈맹진사댁 경사〉

연극 〈맹진사댁 경사〉가 선풍적인 인기를 끌고 있다. 〈맹진사댁 경사〉는 맹 진사가 외동딸을 권세가 집안에 시집보내면서 벌어지는 해프닝을 다루고 있다. 오영진은 이 연극을 통해 양반의 허영과 우매함을 날카롭게 풍자하고 있다.

1943년 처음 발표된 이 연극은 해방 뒤인 1946년 〈향연〉이란 제목으로 공연되다가, 1952년에는 〈도라지 공주〉라는 제목으로 다시 무대에 올려졌다. 이 연극에 대한 인기가 식지 않자 1956년에는 〈시집가는 날〉이라는 제목의 영화로 만들어지기도 했다.

오영진은 1949년 발표한 〈살아 있는 이중생 각하〉에서도 해방 이후 외세에 아첨해 부와 권력을 누리는 친일파의 모습을 특유의 해학과 풍자로 풀어냈다. 한 연극 평론가는 "오영진의 작품은 뛰어난 풍자 덕분에 21세기까지도 거뜬히 무대에 올려질 것"이라고 전망했다.

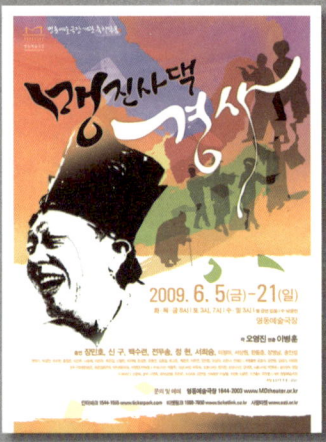

〈맹진사댁 경사〉 포스터

시네마 산책

영화 〈똘똘이의 모험〉 대박!

〈똘똘이의 모험〉의 폭풍 흥행은 언제까지 이어질까? 해방 후 한국 영화계에 돌풍을 일으키고 있는 〈똘똘이의 모험〉의 흥행 비결과 사회에 미친 영향, 그리고 그 뒷이야기를 집중 조명 한다.

폭풍 흥행

어린이 영화 〈똘똘이의 모험〉이 브레이크 없는 기차처럼 무섭게 흥행 대박을 향해 돌진하고 있다. 1946년 9월 개봉한 이 영화는 개봉 당일 1만 명이 넘는 구름 관중을 동원한 이래 2주 연속 매일 1만 관객을 불러 모으고 있다. 극장에서 영화를 보고 나온 한 어린이는 영화가 어찌나 흥미진진한지 "둘이 보다 하나 죽어도 모를 정도"라며 엄지손가락을 들어 보였다.

영화 줄거리

이 영화의 흥행 비결은 무엇일까? 그건 두말할 필요도 없이 재미있기 때문이다. 똘똘이와 친구 떨떨이(아, 실수! 사실은 복남이)는 어느 날 밤 창고에 차를 대고 쌀을 훔쳐가는 도적을 발견하고는 도적 소굴로 잠입한다. 그런데 알고 보니 그 도적단이 북한 간첩이었다. 그래서 복남이는 경찰에 신고하러 가고 남아 있던 똘똘이는 감시를 하다가 도적단에 발각돼 흠씬 두들겨 맞는다. 바로 그 위기의 순간, 복남이가 경찰들을 데려와서 도적단을 일망타진한다는 줄거리이다.

화제의 연속극

영화 〈똘똘이의 모험〉은 원래 1946년 7월부터 중앙방송에서 방송되던 인기 최고의 어린이 라디오 연속극이었다. 〈똘똘이의 모험〉이 방송되는 화요일과 목요일이 되면 전 국민이 라디오 앞에 바짝 다가가 귀를 쫑긋 세우고 드라마 청취에 열중했다. 이 드라마는 해방 뒤 최초의 어린이 라디오 연속극이자 라디오 연속극의 효시가 됐다.

똘똘이 이후

〈똘똘이의 모험〉이 라디오에 이어 영화로도 대박을 터뜨리자 속편과 3편이 빠르게 제작됐다. 아울러 책으로도 출간돼 독자들의 많은 사랑을 받았다. 하지만 평론가들은 이 영화를 비판적으로 바라봤다. 좌우 대립이 극심한 때 이런 반공 드라마를 만들면 좌우합작을 방해할 수 있기 때문이다. 어쨌거나 〈똘똘이의 모험〉은 30만 관객 동원 기록을 세우며 해방 뒤 침체되었던 한국 영화계에 새 바람을 불러일으키고 있다.

〈똘똘이의 모험〉 영화 포스터

생활 Fashion

최신 유행 패션

해방과 함께 '마카오 신사'로 일컬어지는 멋쟁이 신사들이 속속 눈에 띄었다. 여성들은 파마머리에 얼굴에 분만 바르던 화장법에서 더 나아가 눈썹과 입술, 손톱까지 가꾸는 화장으로 발전했다. 하지만 전쟁으로 패션이 주춤하면서 군인 복장의 밀리터리룩을 유행시켰다.

파나마모자 겨울에는 중절모, 여름에는 파나마모자로 멋 연출. 파나마산.

사계 마카오 신사라면 적어도 스위스제 롤렉스 정도는 차 줘야.

조끼 정장 슈트에 없어서는 안 될 마카오 신사의 필수 아이템. 영국 모직 제품.

벨트 악어가죽으로 만든 이탈리아 산 가죽 벨트. 가격이 부담스럽다면 짝퉁 인조 가죽도 오케이.

구두 남자의 패션을 완성하는 패션 종결품. 이탈리아산.

와이셔츠 영국산 실크 셔츠.

슈트 정장은 단추 두 개짜리 스타일. 재킷은 어깨와 깃이 넓은 유럽 스타일. 옷감은 영국제 모직 제품.

스프링코트 신사의 패션 품격을 높여 주는 아이템. 이 정도는 입어 줘야 신사라 할 만하지.

바지 엉덩이와 넓적다리 부분이 헐렁한 게 특징. 아래로 내려갈수록 폭이 좁아지면서 밑단을 접은 스타일.

마카오 신사 전성시대

마카오 신사란 마카오 섬에서 온 신사라는 뜻이 아니다. 마카오로부터 수입한 영국제 옷감으로 만든 옷을 입은 신사를 말한다. 유래야 어떻든 마카오 신사란 말은 어느새 패션을 리드하는 멋쟁이의 대명사로 자리 잡았다. 마카오 신사 하면 떼놓을 수 없는 사람이 있는데, 바로 마카오 신사의 구두를 닦아 주는 소년을 일컫는 '슈샨 보이'다. 슈샨 보이가 있어 마카오 신사의 패션은 빛을 발한다.

때가 때니만큼 밀리터리룩(군인 복장 스타일)이 대세다. 진짜 미군 군복에 염색을 한 옷이 시장에서 많이 팔리고 있고, 어깨에 패드를 넣어 만든 군복풍의 슈트도 인기. 여성들은 군복은 아니지만 어깨에 패드를 넣어 밀리터리룩의 느낌을 살린 옷을 많이 입는다. 여기에 폭이 넓은 플레어스커트로 매치하면 피난지 부산에서 최고의 멋쟁이.

전쟁 중에도 멋은 계속된다

커트머리 짧은 커트 머리로 부산의 오드리 헵번 되기.

블라우스 어깨에 잔뜩 패드를 넣어 밀리터리룩 완성. 원단은 속이 살짝 비치는 나일론, 혹은 질기고 간편한 낙하산지.

플레어스커트 망사로 속을 부풀려 폭이 넓어 보이는 효과를 낸다.

스타킹 종아리 뒤에 중심선이 있는 살색 스타킹. 재질은 나일론.

샌들 깔끔하고 세련된 검정 샌들.

양말 윗부분을 한두 번 접은 베이비 삭스(아기 양말) 스타일. 하얀색 필수.

바지를 즐겨 입는 여성이라면 현재 유럽에서 인기 대박인 맘보 스타일로 꾸며 보자. 맘보바지는 엉덩이와 허벅지가 적당히 끼는 스타일. 아래로 내려갈수록 바지가 점점 좁아지는 게 특징이며, 바지의 끝은 발목에서 한 뼘 정도 올라오도록 입는 게 포인트. 상의는 역시 밀리터리룩 스타일의 어깨 뽕 블라우스.

스포츠 sports

스포츠 하이라이트

축구가 국민 스포츠로 자리 잡아 가고 있다. 1946년에는 경평축구대회가 다시 열려 기쁨을 주더니 런던올림픽과 스위스월드컵에 우리 대표 팀이 출전해 국민들을 설레게 하고 있다. 생생한 축구 경기 소식을 전한다.

제 1회 경평축구대회 모습

스위스월드컵 터키와의 경기 모습

경평축구대회 부활

경평축구대회가 10년 만에 부활했다. 경평축구대회란 경성(서울)과 평양시가 친목을 다지기 위해 경성과 평양을 오가며 벌이는 경기를 말한다. 경평축구대회는 1929년 처음 시작된 이후 1935년까지 개최되다가 중단됐다.

10년 동안 중단됐던 경평축구대회가 1946년 3월 25일과 26일 이틀 동안 서울운동장에서 열렸다. 1차전에서는 서울 팀이 평양 팀을 2 대 1로 이겼지만, 이튿날 벌어진 2차전에서는 평양 팀이 서울 팀을 3 대 1로 이겼다.

그런데 심판 판정에 대한 불만으로 경성과 평양 관중들 사이에 충돌이 벌어져 경찰이 공포탄을 쏘는 소동이 벌어지는 바람에, 이듬해부터는 대회가 열리지 않을 전망이다. 하지만 경평축구대회가 열리지 않는 진짜 이유는 날이 갈수록 악화돼 가는 남북 관계 때문인 것으로 밝혀졌다.

1954년 처음으로 월드컵 출전

1954년, 전쟁의 상처가 채 아물기도 전 우리 축구 대표팀이 월드컵에 출전했다. 대표팀은 조별 예선 1차전에서 헝가리에 0 대 9로 패했다. 체력과 기량 면에서 차이가 워낙 심한 경기였다. 그리고 우리가 질 수밖에 없는 또 다른 이유가 있었다. 우리 대표팀은 타고 갈 비행기가 없어 애태우다 미군 비행기를 얻어 타고 스위스로 날아갔는데, 가는 데만 무려 60시간이 걸렸다고 한다. 죽을 고생 끝에 도착해 보니 헝가리와의 경기 시간이 벌써 지난 뒤였다. 그나마 조직위와 상대 팀의 배려로 하루 뒤에 경기를 치렀지만, 피로 누적에다 시차 적응도 안 된 상태에서 경기를 치렀으니 결과는 보나 마나였다.

사흘 뒤 터키와 맞붙은 경기에서는 0 대 7로 패했다. 우리 대표팀은 터키 전에서 패한 뒤 남은 서독과의 경기를 기권하고 귀국 길에 올랐다. 본선 탈락이 확정된 상태에서 그곳에 더 있어 봐야 체재비 부담만 커 바삐 짐을 싸서 돌아온 것이다.

2002년 한일월드컵 이탈리아와의 16강전 응원 모습

한국 월드컵 소사(小史)

대한민국 대표팀은 스위스월드컵 이후 20여 년 동안 월드컵 본선에 진출하지 못했다. 대한민국 대표팀이 쉬고 있는 동안 또 하나의 코리아 북한이 큰일을 저질렀다. 1966년 16개국이 참가한 런던월드컵 조별 예선에서 북한은 소련에 0 대 3으로 패하고, 칠레와 1 대 1로 비긴 뒤 이탈리아와 벼랑 끝 승부에서 1 대 0으로 이겨 아시아 국가 최초로 월드컵 8강에 진출한 것이다.

8강전에서는 강력한 우승 후보 포르투갈을 맞아 전반전에만 세 골을 내리꽂는 기염을 토했지만, 아쉽게 내리 다섯 골을 먹는 바람에 역전패했다. 2002년 한일월드컵 당시 우리 대표팀이 이탈리아와 16강전을 치를 때 관중석에 'Again 1966' 이라는 현수막이 등장했는데, 그건 이탈리아한테 "1966년 너희가 북한한테 한 방 먹은 것처럼 오늘 우리한테도 깨진다."는 저주의 주문이었다. 그런데 놀랍게도 그날 이탈리아는 우리에게 졌고, 여세를 몰아 대한민국은 8강전에서 승부차기 끝에 스페인을 누르고 4강에 진출하는 쾌거를 이뤘다.

14회 런던올림픽 스웨덴과의 경기 모습

태극마크 달고 처음 올림픽 출전

경평축구대회의 아쉬움을 날려 줄 소식이 나라 밖에서 날아들었다. 우리 축구 대표팀이 해방 이후 처음으로 태극마크를 달고 출전한 런던올림픽에서 남미의 강호 멕시코를 5대 3으로 눌렀다는 소식이다. 더욱 놀라운 건 우리 대표 팀은 올림픽 출전 두 달 전에야 겨우 대표팀을 구성했다는 거다.

하지만 아쉬운 소식이 뒤이어 전해졌다. 멕시코 전에 이어 벌어진 스웨덴과의 경기에서 무려 12대 빵으로 패했다고 한다. 들리는 소리로는 스웨덴 전 골키퍼였던 홍 모 선수는 9 대 0까지 세다가 점수 세기를 포기했다고 한다. 홍 선수는 다음날 신문을 보고서야 우리 팀이 열두 골을 먹고 패한 걸 알았다고 한다. 그래도 하나의 위안이라면 스웨덴이 이번 대회에서 우승을 차지했다는 것이다.

20세기 건축 기행

해방과 전쟁의 흔적을 찾아서

해방 공간과 한국전쟁의 역사 현장을 찾아 떠나 보자. 분단 극복과 정부 수립을 위해 애쓴 김구, 김규식, 이승만의 사저와 한국전쟁의 상처가 배어 있는 휴전선과 판문점으로 출발!

서대문 경교장

→ 서대문에 있는 경교장은 임시정부의 주석 김구가 1945년 11월 중국에서 귀국한 이래 생애를 마칠 때까지 생활하던 사저이다. 이곳은 원래 금광 사업으로 떼돈을 번 최창학이 1938년에 지어 자기 집으로 쓰다가 김구한테 내줬다고 한다. 2층 양옥인 경교장은 이승만의 이화장, 김규식의 삼청장과 함께 정부수립 이전 건국 활동의 3대 요람으로 주목을 끌었다. 김구는 이곳에 머물며 신탁통치 반대 운동과 남북협상을 구상했다. 불과 얼마 전까지만 해도 운이 좋으면 2층 집무실에서 《백범일지》를 쓰고 있는 김구를 만날 수 있었는데, 안타깝게도 지금은 그럴 수가 없다.

➡ 종로구 이화동으로 가면 낙산 아래 오래된 한옥을 만날 수 있다. 이곳은 미국에서 귀국한 이승만이 대통령에 당선돼 경무대(청와대)로 이사하기 전까지 살던 이화장이다. 이화장은 조선 중종 때 문신 신광한의 옛 집터였는데, 1930년대 다시 증축한 건물이다. 초대 대통령에 당선된 이승만은 이곳의 부속 건물인 조각정에서 초대 내각을 구상한 바 있다. 후에 이승만은 4·19혁명으로 대통령 자리에서 쫓겨난 뒤, 이곳 이화장에서 머물다가 하와이로 망명하였다.

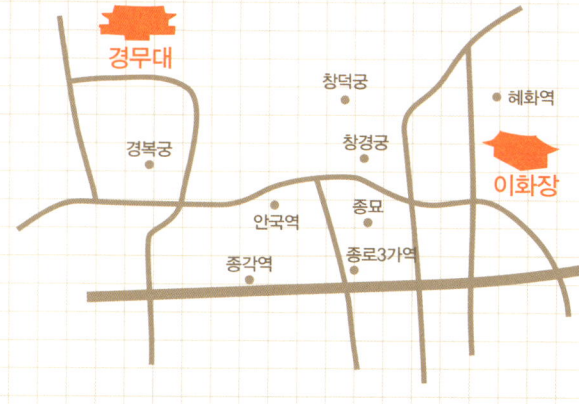

➡ 이승만이 대통령이 되기 이전에 살았던 이화장을 둘러봤다면, 이제 대통령에 당선된 뒤 집무를 보던 경무대로 가 보자. 경무대는 원래 일제가 조선총독부의 총독이 관저로 쓰기 위해 1937년에 지은 건물이다. 일제가 조선의 혼이 담긴 경복궁 안마당에는 총독부 청사를 짓고, 경복궁 뒷산 기슭에 총독의 관저를 지은 것이다. 경무대는 해방 이후 미군정 사령관의 관사로 사용되다가, 대한민국 정부 수립과 함께 대통령의 집무실 겸 관저로 사용되었다. 이곳에서 이승만은 6·25전쟁을 맞았고, 4·19혁명을 겪었다. 21세기 독자라면 효자동에 가서 경무대가 어디냐고 물어보면 안 된다. 이승만이 대통령에서 쫓겨난 이후 경무대는 '푸른 기와집'이라는 뜻의 청와대로 이름이 바뀌었기 때문이다.

➡ 해방 공간의 역사가 배어 있는 서울을 떠나 전쟁의 상처가 남아 있는 곳으로 역사 기행을 떠나 보자. 첫 번째 여행지는 남북 분단의 최전선인 155마일 휴전선. 휴전선은 동해안 고성에서 시작해 서해 쪽 한강 어귀의 섬까지 이어진 길이 248킬로미터의 분단선을 말한다. 삼팔선이 북위 38도를 기준으로 남북을 직선으로 자른 선이라면, 휴전선은 휴전협정에 따라 산과 마을과 강을 따라 비스듬하게 그어진 군사 경계선이다. 휴전선을 가더라도 멀리서 볼 수밖에 없다. 왜냐하면 휴전선 남쪽 2킬로미터 지점에 철조망으로 남방 한계선을 설치했기 때문이다. 휴전선과 남방 한계선 사이의 공간을 가리켜 비무장지대(DMZ)라고 한다.

➡ 분단과 전쟁의 흔적을 더 보고 싶다면 파주에 있는 판문점으로 가 보자. 판문점은 북한과 유엔군이 휴전협정을 맺은 역사적인 장소이다. 휴전 회담뿐 아니라 국군과 인민군의 포로 교환도 이곳에서 이루어졌다. 판문점이 있는 이 마을의 원래 이름이 널문리였는데, 그 지명을 한문으로 표기하여 판문점이 됐다. 판문점은 휴전협정 이후에 공동경비구역(JSA)으로 지정되어 유엔군과 북한군이 엎어지면 코 닿을 거리에서 경계를 서고 있다. 역사 기행 전문 대기자의 시각으로 볼 때, 앞으로 판문점에서 남북 사이의 군사 회담과 적십자 회담 등이 열릴 것으로 보인다.

➡️ 철원 노동당사는 해방 후 북한 노동당이 철원과 김화, 포천 일대를 관장할 때 당사로 쓰던 건물이다. 하지만 전쟁 뒤 남한 땅으로 편입됐다. 1946년 이 건물을 지을 당시는 지상 3층의 건물이었는데, 전쟁 때 하도 폭격을 두들겨 맞아 2층과 3층은 건물 외벽만 남아 있다. 원래 이 건물은 민간인 통제 구역 안에 있었는데, 민간인 출입이 허용됨에 따라 누구나 관람이 가능해졌다. 노동당사는 콘크리트로 지어진 러시아식 3층 건물로 주변 평지보다 높게 단을 만든 다음 건물을 지어 그 위압감이 대단하다.

➡️ 철원 노동당사를 둘러봤다면 이제 월정리역으로 가 보자. 혹시 독자 여러분 중에 서울 용산에서 기차를 타고 원산의 명사십리 해수욕장을 다녀온 적이 있는 사람이라면 이곳 월정리역을 지났을 것이다. 하지만 분단으로 이곳 월정리역이 경원선의 종착역이 됐다. 그나마 지금은 경원선 운행도 중단된 상태이다. 월정리역 뒤편에는 한국전쟁 때 유엔군의 폭격을 맞고 드러누운 인민군 화물 열차를 만날 수 있다. 그 기차를 보게 된다면 여러분은 아마 "철마는 달리고 싶다."고 외치는 기차의 소리 없는 절규를 듣게 될지도 모른다. 팁 정보. 이 역은 원래 비무장지대 안에 있었는데, 지금은 남방 한계선 남쪽에 자리 잡고 있다.

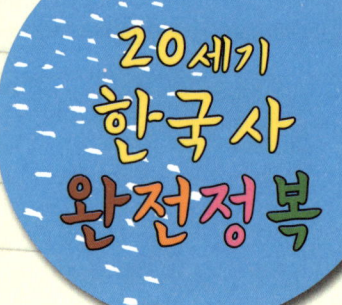

20세기 한국사 완전정복

퀴즈로 푸는 20세기 한국사. 재미있게 문제 풀고, 20세기 한국사도 마스터하는 일석이조 역사 퀴즈!

1 일제 식민지에서 해방되자마자 미국과 소련은 한반도를 남과 북으로 갈라놓았다. 남북을 가른 이 분단선의 이름은?

❶ 삼팔선 ❷ 경부선 ❸ 최전선 ❹ 연락선

2 해방 뒤 여운형이 건국을 준비하기 위해 만든 조직으로, 일제가 물러간 다음 조선의 치안과 행정을 일시 담당했던 조직은?

❶ 조선부활준비위원회 ❷ 조선건국준비위원회
❸ 조선근대화준비위원회 ❹ 조선통일준비위원회

3 1945년 미국과 영국, 소련 등 세 나라 외무 장관들이 모스크바에 모여 조선을 몇 년 동안 맡아서 통치하겠다는 결정을 내렸다. 세 나라 외무상들이 한반도에 대한 신탁통치를 결정한 회의는?

❶ 카이로 3상 회의 ❷ 포츠담 3상 회의 ❸ 얄타 3상 회의 ❹ 모스크바 3상 회의

4 신탁통치 문제로 남한에서 좌우 대립이 극심해지자 중도 좌파 여운형과 중도 우파 김규식이 좌익과 우익의 합작을 통한 임시정부 수립을 논의하기 시작했다. 이처럼 여운형과 김규식이 주도한 운동은?

❶ 좌우합체 운동 ❷ 좌우협동 운동 ❸ 좌우합작 운동 ❹ 좌우합동 운동

5 이승만은 전라북도 정읍에서 유세를 하던 중 남한만이라도 단독선거를 치러 단독정부를 세우고, 그다음에 남북통일을 하자고 주장했다. 좌우합작과 통일 임시정부 수립에 찬물을 끼얹었던 이 발언을 뭐라고 부를까? 힌트. 발언했던 지역 참조.

❶ 돌발 발언 ❷ 엉뚱 발언 ❸ 뚱딴지 발언 ❹ 정읍 발언

6 유엔이 남한만의 단독선거와 단독정부 수립으로 방향을 잡자 김구와 김규식은 남북의 지도자들이 협상을 벌여 남북 분단을 막고 통일정부를 수립하자고 주장했다. 김구가 벌인 이 운동은?

❶ 남북협상 ❷ 남북통일 ❸ 남북합체 ❹ 남북일체

7 남한만의 단독선거에 반대해 1948년 4월 3일 제주도에서 대대적인 민중 봉기가 일어났다. 단독선거에 반대한 제주도민들의 항쟁을 뭐라고 할까?

❶ 제주 1·3항쟁 ❷ 제주 2·3항쟁 ❸ 제주 3·3항쟁 ❹ 제주 4·3항쟁

8 1949년 국회는 친일파 청산을 위해 반민족행위 처벌법을 만들고, 반민족행위 특별조사위원회를 구성해 주요 친일파에 대한 체포와 조사에 나섰다. 하지만 행정부와 경찰 요직에 친일파를 등용한 이승만 정부의 방해와 친일파들의 노골적인 저항으로 친일파 청산에 실패하고 말았다. 친일 반민족 행위자를 조사하기 위해 만든 특별위원회를 줄여서 뭐라고 할까? 힌트.〈만화로 보는 20세기 한국사〉.

❶ 반민특위 ❷ 반일특위 ❸ 반중특위 ❹ 반소특위

9 한국전쟁 때 맥아더 유엔 사령관이 한반도 서해 쪽 해안으로 상륙작전을 펼쳤다. 한국전쟁의 전세를 뒤집은 이 상륙작전의 이름은?

❶ 함흥상륙작전 ❷ 원산상륙작전 ❸ 부산상륙작전 ❹ 인천상륙작전

10 중공군의 참전으로 압록강까지 북진했던 한국군과 유엔군이 남쪽으로 후퇴를 했다. 이때 북에 있던 많은 주민들과 서울에 있던 시민들이 1951년 1월 초 남쪽으로 피난을 떠났는데, 이때의 피난을 뭐라고 할까?

❶ 1·4후퇴 ❷ 2·4후퇴 ❸ 3·4후퇴 ❹ 4·4후퇴

11 한국전쟁을 끝내기 위해 북한군과 유엔군이 1951년부터 휴전회담을 벌였는데, 처음엔 개성에서 회담을 시작했다가 이곳으로 옮겨 회담을 벌였다. 휴전협정을 맺은 곳으로 남북 분단의 상징이기도 한 이곳은?

❶ 종로점 ❷ 판문점 ❸ 용산점 ❹ 이태원점

12 한국전쟁 당시 남과 북, 중국, 소련의 지도자가 아닌 사람은?

❶ 이승만 ❷ 김일성 ❸ 모택동 ❹ 오사마 빈 라덴

13 소 그림으로 이름난 화가로, 한국전쟁 때 남으로 피난 와 제주도 서귀포에서 식구와 살며 물고기와 아이들, 게 그림을 많이 그린 화가는?

❶ 일중섭 ❷ 이중섭 ❸ 삼중섭 ❹ 사중섭

편집 후기

마감 특종! 전쟁이 끝나고 난 뒤

1953년 7월 27일, 마침내 전쟁이 끝났다. 휴전회담 취재하면서 짐작은 했지만 막상 전쟁이 끝났다고 하니 마음이 착잡하다. 한국전쟁은 이전의 그 어떤 전쟁보다 민간인 희생자가 많았다. 공식적인 집계는 아직 안 나왔지만 대략 사망 3백만, 부상 5백만, 일천만 이산가족이 생겨났다. 조국을 해방한다고 떠벌리며 전쟁을 일으킨 북한 지도자, 공공연히 북진통일을 부르짖던 남한 지도자는 반인도적인 전쟁 범죄에 대해 책임을 져야 한다. 그들이 설령 처벌을 피한다 해도 역사의 심판을 피하진 못할 것이다.

— 분노의 이 기자

어부지리 일본

황새와 조개가 싸우는 틈을 타 제3자인 어부가 둘 다 잡는다는 어부지리. 한국전쟁에서 황새와 조개는 남과 북, 어부는 일본이었다. 제2차 세계대전 패배로 녹아웃 된 일본은 한국전쟁 때 군수 물자를 공급한 덕분에 기적처럼 부활했다. 일제 강점 때문에 분단이 생겼고, 분단 때문에 전쟁이 벌어진 거니까 한국전쟁은 일제 강점과 무관하지 않다. 그런데 반성하고 사죄해도 모자랄 일본이 한국전쟁에서 한몫 잡고는 기세등등하여 또다시 "독도는 일본 땅"이라고 박박 우기며 망언을 서슴지 않으니, 원……. 남이건 북이건 조선 사람이라면 이제라도 정신 바짝 차려야 한다.

— 열 받은 편집장

친일파 청산, 물 건너가나

해방 뒤 가장 시급하고 중요한 과제는 친일파 청산이었다. 친일 청산은 새로운 국가를 건설하기 위한 선결 조건이었다. 나치 통치를 받았던 프랑스는 나치 협력자를 철저하게 처단했다('세계는 지금' 참조). 하지만 우리는 그렇게 하지 못했다. 청산은커녕 친일파를 행정부와 경찰, 검찰 요직에 두루 기용했다. 친일파들은 해방 후 좌우 갈등의 틈바구니에서 친미, 반공 애국 투사로 교묘하게 변신했다. 친일 지주, 기업가, 고위 관료, 경찰, 정치가, 언론인들은 앞으로도 우리 사회 지도층으로 행사할 텐데, 이것이 20세기 대한민국의 슬픈 현실이다.

— 슬픈 김 주간

좌우 갈등 남북 대립은 계속될까

우리는 분단과 전쟁의 소용돌이를 겪으면서 미국과 소련 같은 강대국의 로드맵(정치 일정표)을 거부하기 힘들었다. 이게 다 우리 힘으로 독립을 이루지 못했기 때문이다. 그렇다 하더라도 좌우합작을 통해 임시정부를 세우고, 선거를 치러 한반도에 민주적인 통일정부를 수립했더라면 전쟁을 피할 수 있지 않았을까. 하지만 우리는 그러지를 못했다. 좌와 우가, 남과 북이 개떡 같은 이념 때문에 죽기 살기로 싸움질만 한 당연한 결과일지도 모르겠다. 21세기에까지 그렇진 않겠지? 제발~.

— 21세기가 걱정되는 박 기자

어려운 고비에 부딪친 좌우합작을 풍자한 시사만평

사진과 그림 제공 및 출처

10-11 《그날이 오면》검열본(북앤포토) / 심훈의 조각상(북앤포토) /
《상록수》표지(심훈 상록수 기념사업회)
18-19 여운형이 태어난 집(시몽포토) /
여운형과 마을 청년들(몽양기념사업회) /
서재필을 마중 나온 여운형(시몽포토) /
조선중앙일보사 사장 시절의 여운형(몽양기념사업회)
20-21 신탁통치 반대(연합뉴스) / 이승만 연설(연합뉴스) /
해방(연합뉴스) / 김일성 결제하는 모습(연합뉴스) /
3상 회의 지지(연합뉴스)
24-25 해방의 기쁨(연합뉴스) /
인파에 둘러싸인 여운형(몽양기념사업회)
28-29 김구의 귀국(백범김구기념관)
30-31 좌우분열 시사만평(연합뉴스) /
모스크바 3상 회의 기사(위키피디아)
34-35 신탁통치 반대 집회(위키피디아) / 3상 회의 지지
집회(연합뉴스) / 남북이 함께(오마이뉴스)
38-39 미·소 공동위원회 개막(연합뉴스)
42-43 토벌대에 체포된 주민들(위키피디아)
46-47 제주 4·3평화공원(연합뉴스)
48-49 《백범일지》표지 및 본문(백범김구기념관) /
이승만과 김구(연합뉴스)
50-51 삼팔선 앞에 선 김구(연합뉴스)
52-53 연석회의에 참석한 김구(연합뉴스) / 남북협상을 마치고
돌아오는 김규식(연합뉴스) / 김일성과 김구(출처 모름)
58-59 대한민국 정부 수립 선포식(위키피디아) /
맥아더와 이승만(위키피디아)
60-61 총선거 홍보 포스터(국립민속박물관) /
재판받는 조봉암(뉴스뱅크)
62-63 김구 암살과 통곡하는 시민들(연합뉴스)
76-77 평양에 온 소련군의 시가행진 모습(뉴스뱅크) /
김일성 환영 평양대회(위키피디아)
78-79 조만식(뉴스뱅크)
80-81 한국전쟁(연합뉴스) / 눈빛 / 위키피디아
82-83 삼팔선을 넘어오는 북한군 탱크(뉴스뱅크)
84-85 폭파된 한강대교(《지울 수 없는 이미지1》, 눈빛) /
인천상륙작전을 지휘하는 맥아더(위키피디아) /
압록강 건너는 중공군(뉴스뱅크)

90-91 흥남부두에 몰려든 피난민들(뉴스뱅크)
94-95 흥남부두 폭파 모습(위키피디아) / 비행기(위키피디아) /
철모(연합뉴스) / 수통(연합뉴스)
96-97 젊은 시절의 현봉학(출처 모름)
98-99 전투기에 탑승한 김영환(출처 모름, 뉴시스)
100-101 군복 차림의 늠름한 김익렬(출처 모름)
106-107 거제도 포로수용소 전경(위키피디아)
108-109 원산폭격의 생생한 모습(위키피디아) / 휴전선 긋기(연합뉴스)
114-115 부산 피난민촌(임응식, 국립현대미술관)
116-117 야외 수업(《나를 울린 한국전쟁 100장면》, 눈빛) /
천막집에 사는 피난민들(출처 모름) / 피난민으로 가득 찬
부산의 골목길(《지울수 없는 이미지 3》, 눈빛) / 초콜릿을
얻어먹는 아이들(《나를 울린 한국전쟁 100장면》, 눈빛)
118-119 과일 파는 사람들(《나를 울린 한국전쟁 100장면》, 눈빛) /
피난지 부산의 거리 풍경(www.ussmagoffin.org)
120-121 뉘른베르크 전범 재판정(위키피디아) / 히로히토(중앙포토)
122-123 베를린 장벽(Alamy)
124-125 중화인민공화국을 선포하는 모택동(위키피디아) /
홍군 장정기념관(두피디아)
126-127 장개석과 모택동(출처 모름)
128-129 《청록집》(출처 모름, 뉴스뱅크) /
《하늘과 바람과 별의 시》(연합뉴스) / 《정지용 시집》
(출처 모름) / 《이태준 단편집》(출처 모름)
130-131 윤용하 가곡집(시몽포토) / 안익태 연주회 포스터(숭실대학교
안익태기념관) / 남인수 애창곡 집(서울역사박물관)
132-133 〈경주의 산곡에서〉(이인성, 호암미술관) / 이인성(이인성
기념사업회) / 이중섭(출처 모름) / 박수근 조각상(뉴스뱅크)
134-135 유치진(중앙포토) / 《맹진사댁 경사》포스터(명동예술극장) /
〈똘똘이의 모험〉영화 포스터(양해남)
138-139 제1회 경평축구대회 모습(중앙포토) / 스위스 월드컵
터키전 경기 모습(뉴스뱅크) / 2002 한일월드컵 이탈리아전
응원 모습(연합뉴스) / 14회 런던올림픽 스웨덴전 경기
모습(중앙포토)
140-141 경교장(뉴스뱅크) / 이화장(시몽포토) / 경무대(위키피디아)
142-143 155마일 휴전선(뉴스뱅크) / 판문점(연합뉴스) /
철원 노동당사(북앤포토) / 월정리역(북앤포토)
146-147 좌우합작 시사만평(위키피디아)

• 이 책에 쓴 사진은 해당 사진을 보유하고 있는 단체와 저작권자의 허락을 받아 게재한 것입니다.
  사진을 제공해 주셔서 고맙습니다.
• 저작권자를 찾지 못하여 게재 허락을 받지 못한 사진은 저작권자를 확인하는 대로 게재 허락을 받고,
  통상 기준에 따라 사용료를 지불하겠습니다.

그림을 그린 **이상규** 선생님은 만화가로 일하다가 지금은 어린이 책에
그림을 그리고 있습니다. 그동안 《돌도끼에서 우리별 3호까지》《애들아, 역사로 가자》
《전태일, 불꽃이 된 노동자》 같은 책에 그림을 그렸습니다.

그림을 그린 **조재석** 선생님은 대학에서 시각디자인을 공부하였습니다. 디자이너로 일하다가
지금은 어린이 책에 그림을 그리고 있습니다. 그동안 《백성을 역사의 주인으로 세운 혁명가 전봉준》
《아홉 살 인생 멘토》 같은 책에 그림을 그렸습니다.

만화를 그린 **김소희** 선생님은 대학에서 시각디자인을 공부하였습니다.
지금은 어린이 책에 만화 작업과 그림을 그리고 있습니다. 그동안 《희원이의 7000원》
《붓과 총을 든 여전사 의병장 윤희순》《완두콩》 같은 책에 그림을 그렸습니다.

글 이광희 | 그림 이상규 조재석 김소희

초판 1쇄 펴낸날 2012년 6월 15일 | **초판 5쇄 펴낸날** 2019년 11월 5일
펴낸이 조은희 | **편집장** 한해숙 | **기획·편집** 네사람 | **디자인** 디자인아이, 한주연 | **사진진행** 시몽포토에이전시
마케팅 박영준 | **경영지원** 김효순 | **제작** 정영조, 박지훈
펴낸곳 (주)한솔수북 | **출판 등록** 제2013-00276호 | **주소** 03996 서울시 마포구 월드컵로 96 영훈빌딩 5층
전화 02-2001-5822(편집), 02-2001-5828(영업) | **전송** 02-2060-0108
전자우편 isoobook@eduhansol.co.kr | **블로그** blog.naver.com/soobook | **인스타그램** soobook2 | **페이스북** soobook2
ISBN 979-11-7028-384-3 73910 | **ISBN** 978-89-535-8373-3 74910(세트)

어린이제품안전특별법에 의한 제품 표시
품명 도서 | **사용연령** 만 10세 이상 | **제조국** 대한민국 | **제조자명** ㈜한솔수북 | **제조년월** 2019년 11월

ⓒ2012 이광희·네사람·(주)한솔수북
※저작권법으로 보호받는 저작물이므로 저작자의 서면 동의 없이 다른 곳에 옮겨 싣거나 베껴 쓸 수 없으며 전산장치에 저장할 수 없습니다.
※값은 뒤표지에 있습니다.